몽아학당의 아이들

일러두기

카카오톡 메시지로 나눈 대화이기 때문에 일부 오탈자와 비문, 역사적 사실이 다른 문장 등은 수정했습니다. 다만, 아이들(학동)의 문장은 최대한 수정을 자제해 원문 그대로 실으려고 노력했음을 알려드립니다. 봄·여름·가을·겨울별로 파트를 나누다보니 일부 글의 경우 앞으로 옮겨오거나 뒷쪽으로 옮긴 경우가 있습니다.

몽아학당의 아이들

손종진·이태훈·이태준·박수현·박주현 지음

(주)도서출판 이음

시작하며

코로나19로 소통의 창구를 잃어버린 사람들이 혼란을 겪던 시기, 할아버지와 손주들은 휴대전화를 이용한 대화의 장을 마련했습니다. 여기에 나오는 글은 2019년 5월 7일부터 2020년 11월 23일까지 1년이 넘는 시간 동안 할아버지와 손주들이 나눈 대화의 기록입니다. 할아버지가 살고 계신 집은 일제강점기에는 공회당으로 사용했고, 인근에 봉대초등학교가 개교하면서 교실이 없어 아이들을 가르치던 교실로 사용되기도 했습니다. 배움과 가르침, 공동체의 공간이었던 곳이었습니다. 100여 년이 훌쩍 넘은 할아버지의 집은 코로나19 시대를 맞아 디지털 배움의 장으로 탈바꿈하였습니다. 비록, 할아버지와 손주들의 이야기이지만 이 시대 청소년들은 물론 성인까지도 알아야 할 삶의 지혜와 사람이 가야 할 길이 담겨있습니다. 동양 고전부터 서양의 대문호까지 쉽게 알 수 있는 『몽아학당의 아이들』이 많은 청소년에게 도움이 되길 바랍니다.

몽아夢兒는 손종진 할아버지의 호이기도 합니다. 몽아는 손종진 할아버지께서 성경의 요엘서 2장 28절에서 영감을 얻어 스스로 지었습니다. 요엘 2장 28절은 이렇게 시작합니다. '그 후에 내가 내 영을 만민에게 부어 주리니 너희 자녀들이 장래 일을 말할 것이며 너희 늙은이는 꿈을 꾸며 너희 젊은이는 이상을 볼 것이며' 입니다. 나이가 들어서도 꿈을 잃지 않는 것입니다. 몽아학당이 추구하는 이상도 이와 같다고 할 수 있습니다. 손주들은 몽아학당을 통해 역사와 문화, 사회, 경제, 정치 등을 간접적으로 경험할 수 있었습니다. 소중한 삶의 지혜와 사람의 길을 배우는 최고의 배움터이기도 했습니다. 때로는 성인들에게도 어렵게 다가오는 동양 고전과 전혀 몰랐던 상식 아닌 상식들이 곳곳에서 마음을 울립니다.

지금은 돌아가신 아버지께서 늘 하시던 말씀이 떠오릅니다. '인간이라고 모두 인간이 아니다. 인간다워야 비로소 인간이라고 할 수 있다.'는 말이었습니다. 어려서부터 듣던 말이었는데, 정말 최고의 명언이 아닐 수 없습니다. 사람으로 살아가기 정말 힘든 시절입니다. 그 시절에 만난 『몽아학당의 아이들』에서 얼핏 사람의 길이 어떤 길인지 알 것도 같습니다. 많은 분께서 이 책을 통해 사람의 길을 찾기를 바랍니다.

2024. 4.

시작하며   4

part 1. 봄의 학당

별을 바라보는 사람   13

기가 센 민족   16

왕소군의 분노와 이완용의 매국   20

춘래불사춘^{春來不似春}   26

고양이에게 배우는 행복을 잡는 법   29

겁을 내면 여우가 더 크게 보인다   33

옳은 일이 아니면 행하지 않는다   38

내치와 외치의 중요성에 대하여   42

어머님의 사랑은 그지 없어라   50

어린아이에게도 귀를 기울여라   57

만물은 저마다 때가 있다   60

학동의 쉬는 시간 ❶   64

part 2. 여름의 학당

펭귄의 사랑으로 인종차별 극복하는 법　　　69

사람의 한계를 넘어 세상을 품어라　　　73

한 나라의 이상과 정신이 담긴 애국가　　　76

척화파와 주화파에게 배우는 숙명의 길　　　79

거리두기의 기원에 대하여　　　83

유린청游鱗靑의 덕을 칭송하다　　　86

핀란드 행복의 원천은 감사하는 일상　　　90

포기하지 않는 삶　　　94

인간 세상의 3가지 싸움　　　98

사람이 가야 할 길　　　100

지방소멸　　　104

학동의 쉬는 시간 ❷　　　108

part 3. 가을의 학당

천고마비^{天高馬肥}의 숨겨진 슬픔   113

비움의 미학   116

가을이 거기에 있었습니다   119

멋을 알고 낭만을 즐기는 청풍명월   121

범에게 물려가도 정신을 차려라   123

환경의 역습 '역천자망^{逆天者亡}'   125

먼 곳의 벗이 찾아오는 즐거움   130

개미에게서 배우는 동료애   135

거리에서 만난 따뜻한 마음씨와 배려   140

모른다는 것을 아는 것도 자신을 아는 것   144

부드럽고 약한 것이 굳세고 강한 것을 이긴다   150

학동의 쉬는 시간 ❸   154

part 4. 겨울의 학당

퇴계·율곡과 노블레스 오블리주   161

눈길을 함부로 걷지 마라   166

소년은 늙기 쉽고 배움은 어렵다   171

날갯짓하는 새의 자유   175

천 년의 역사, 설   181

케이크는 그리스에서 시작됐다   185

과거를 기억하지 못한 자 과거를 반복한다   187

밸런타인데이와 안중근 의사   192

독서는 마음속 얼어붙은 바다를 깨는 일   195

잎은 떨어져 뿌리로 돌아간다   197

학동의 쉬는 시간 ❹   200

part 5. 몽아학당의 아이들

아름다운 지식의 세계   207

철부지 아이에서 어엿한 아이로   209

정성이 담긴 가르침의 매력   211

영원한 몽아학당의 아이로   213

마치며   216

Part.1

봄의 학당

별을 바라보는 사람

할아버지 '행복한 가정은 모두 비슷한 이유로 행복하지만, 불행한 가정은 저마다의 이유로 불행하다.'(톨스토이의 장편소설 『안나 카레리나』를 여는 구절이다. 세계 문학 사상 가장 유명한 문장으로 꼽힌다.)

지난 3월 1일은 근대 100년 사상 최초 최대의 만세 운동을 통해 조선 민중이 죽지 않고 살아 있음을 만방에 보여준 날이었다. 이 운동에 불을 지핀 사람은 대단한 인물이 아니었다. 우리는 3·1운동하면 33인의 민족지도자를 으레 떠올리게 되지. 그런데 이들은 당초 2월 28일 밤 파고다 공원에서의 공개 선언식을 인사동 태화관으로 급히 변경했는데 학생들이 독자적으로 파고다 공원에서 집회를 한다는 소식 때문이었다. 학생

13

들의 희생을 막자는 취지였다. 실내에서 만세를 부르며 독립선언서를 낭독하게 된 배경이다. 그럼 집 밖 파고다 공원에서의 만세운동은 누가 이끌었을까? 황해도 해주읍 감리교회 전도사였던 정재용이란 분이 일으켰단다. 나도 역사 시간에 33인에 대해선 들어봤어도 이분에 대해선 한 번도 들어본 적이 없었다. 정 전도사는 이 운동의 지휘부로부터 받은 독립선언문 인쇄물 100부를 경성역에서 원주감리교회 곽명리 전도사에게 전해 주면서 그 가운데 1부를 호주머니에 넣었다. 3월 1일 정 전도사가 갔던 파고다 공원에는 고종 장례 구경을 온 시골 노인들이 대부분이었다. 오후 1시 30분이 되자 학생들이 쏟아져 들어오기 시작했고 순식간에 4,000명이 넘는 군중이 모여들었다. 이때 정 전도사는 팔각정에 서 있었는데 무심결에 호주머니에 손을 넣었다. 원주로 보낼 선언문 가운데 빼놓았던 한 장이 잡혔다. 정재용은 아무 생각없이 선언문을 꺼내 큰소리로 '조선독립선언문'하고 외쳤다. 그러자 사람들이 일제히 떼창으로 조선독립만세를 불렀다. 파고다 공원이 떠나 갈듯이 외쳤다. 그리고 누가 말할 사이도 없이 공원 밖으로 물밀듯 밀려 나갔다. 한 시골 청년의 외침은 방방곡곡에 울려 온 조선 땅을 오랜 잠에서 깨어나게 했다. 별은 어두운 하늘에서 밝게 빛난다. 많은 사람이 시궁창에 있지만, 너희는 별을 바라보는 존재가 되거라.

수현 저는 할아버지 말씀대로 별을 바라보는 사람이 돼야겠어요.

주현 저도 별을 바라보며 힘차게 나아가는 사람이 될게요.

수현 전도사님의 행동이 세상을 바꾸어 놓았네요. 나 자신을 빛내기보다 세상을 빛내는 사람이 되어야겠어요. 물론 별을 보며 더 열심히 노력해야 할 것 같아요. 코로나 19 확진자가 원주에도 많이 생겼다고 하더라고요. 할아버지, 할머니, 이모, 삼촌, 외숙모 모두 조심하세요.

할아버지 원주 가족들을 위해 기도 많이 하기 바란다.

수현 네! 늘 조심하세요.

기가 센 민족

할아버지 많은 사람의 생명과 건강을 위협하는 커다란 위기가
닥치면 그동안 가려져 있던 사회의 내면과 민낯이 백
일하에 드러난다. 해당 사회의 품격 수준과 사회계층
간 문제의 심각성 그리고 문제를 해결할 지도층의 능
력여부가 발가벗겨지기 때문이다. 지금 우리가 그런
처지이다. 코로나 사태를 계기로 우리나라의 국격이
형편없이 추락해 걱정이다. 우리 민족은 위기에 강한
저력이 있어 이 난국을 잘 극복할 거라고 믿고 있지만
말이다.

우리나라에서 1982년부터 15년 간 특파원으로 일한
푸른 눈의 영국기자 마이클 브린$^{Michael Breen}$이 취재하
면서 느낀 점을 엮어 『한국인을 말한다』라는 책을 냈

16

다. 저자는 중국인과 한국인의 차이에 대해 구체적인 사례를 들어 서술했다. 요즘같이 너나없이 기가 죽어 있을 때 아주 딱 맞는 내용이다.

중국도 1932년(만주국설치)부터 1945년까지 13년 동안 일본의 지배를 받으며 난징대학살을 포함 3,200만여 명의 중국인이 살육당했다. 이런 만행을 당하고도 일본인 고위층을 암살한 사례는 거의 없다. 반면 우리는 35년 동안 3만2,000여 명이 살해당했으며, 항일 의거는 중국과 비교가 안 되게 많았다. 1909년 안중근 의사의 하얼빈 의거, 1926년 나석주 의사 동양척식회사폭탄 투척, 1932년 윤봉길 의사 상해 의거, 같은 해 이봉창 의사의 일왕 폭탄 투척 등 크고 작은 의거들이 도처에서 일어났다. 저자는 한국인의 이런 행태를 기가 센 탓으로 설명하며 그 연원을 한국의 산수(산과 강)에서 찾고 있다.

중국의 광활한 땅이 기를 넓게 분산시켜 기운이 빠지는 형국인데 비해 한국은 산이 많아 곳곳이 협곡을 이뤄 기가 빠지질 않고 모여 세계에서 가장 센 기를 가진 나라가 됐다는 것이다. 애들아! 그럴듯하지 않니? 우리도 이 센 기를 다시 한번 써먹어 이 난국을 돌파하자꾸나.

태훈 일제강점기 당시 우리나라는 일본의 지배에서 벗어나기 위해 일본의 간부들을 차례차례 죽이고 힘들게 번 돈들을 임시정부로 보내고 죽을 수도 있는 상황임에도 불구하고 만세를 부르기도 하고 감옥에서 고문받으면서까지 엄청난 노력을 해서 광복을 했습니다. 물론 다른 나라의 도움이 컸지만, 끝까지 포기하지 않고 일본을 이겨내려는 마음은 누구보다 컸을 것입니다. 우리나라도 다시 한번 뭉쳐서 대구에 있는 사람들은 물론 코로나로 힘들어하시는 분들께 더 도와드리고 더 이상 확진자와 사망자가 나오지 않도록 노력해야 합니다. 감사합니다.

저는 3·1 운동하면 생각난 사람이 유관순이었습니다. 물론 유관순 열사 말고도 다른 사람들이 있었고 그 사람들 덕분에 만세 운동을 할 수 있었단 것도 압니다. 그중 한 분이 정재용 전도사님이셨습니다. 3·1 운동에서 가장 대단한 일을 하시고 애국정신을 일깨워주신 분을 전 몰랐습니다. 앞으로는 3·1 운동뿐만 아니라 다른 독립운동가들을 잊지 않도록 더욱 공부하고 노력하겠습니다. 감사합니다.

주현 우리는 원래부터 기가 센 민족이라는 걸 알았어요. 이

기로 코로나를 잘 이겨내야겠네요. 저도 코로나를 이겨
내기 위해 열심히 운동하고 있어요. 할아버지도 조심하
세요.

수현 우리나라는 우리나라의 산수 덕분에 기가 센 나라가
되었고 그 덕분에 독립까지 이루었으니, 코로나19도
우리 국민의 센 기로 우리나라뿐만 아니라 전 세계에
서 사라졌으면 좋겠네요.

태준 3·1운동은 정말 힘들었을 것 같습니다. 왜냐하면, 일
본의 감시를 피해야 하기 때문이죠. 저라면 3·1운동을
하지 않았을 거예요. 너무 무섭기 때문이죠. 하지만
그 무서움 이겨내고 싸워서 이 나라를 지켜냈죠. 그러
기에 저희는 이 나라를 꼭 잘 지켜내야 합니다. 코로
나19로 우리나라는 지금 큰 혼란에 빠져 있습니다. 그
래서 저희는 학교도 못 가고 나가서 놀지도 못합니다.
계속 집에만 있죠. 하지만, 전 이 코로나19를 우리나
라가 잘 이겨낼 수 있다고 생각합니다. 원주에서 확진
자가 많이 나왔다는데 할아버지도 몸조심하세요.

왕소군의 분노와 이완용의 매국

할아버지 불안은 도망칠수록 더 세게 다가온다. 피하지 말고 직시하라. 행복은 고정된 형상이 아니고 유동적인 관계에서 만들어진단다. 형편에 따라 내가 만드는 것이다.

봄이 되면 자주 듣는 말이 있다. 춘래불사춘^{春來不似春} (봄인 데 봄 같지 않다)이다. 날씨가 변덕스러워 겨울처럼 춥고 찬바람 불 때 이 말을 쓰곤 한다. 뒤집어 말하면 추워서 봄 같지 않다는 투덜거림이 그 말 속에 담겨 있지. 이 말엔 앞에 짝구로 호지무화초^{胡地無花草}(오랑캐 땅에는 꽃도 풀도 없다)란 구절이 따라다닌다. 이 싯구는 중국 당나라 때 시인 동방규의 시 「소군원삼수^{昭君怨}^{三首}」(왕소군의 원한 3수)에 나오는데 오랑캐의 왕에게 본인의 뜻과는 아무 관계 없이 나라에 의해 정략적으

20

로 시집 간 궁녀 왕소군의 가련한 처지를 동정하고 분
노하며 쓴 시이다. 그 뜻을 풀이하면 이렇다.

胡地無花草,^{호지무화초}
春來不似春.^{춘래불사춘}
自然衣帶緩,^{자연의대완}
非是爲腰身.^{비시위요신}

오랑캐 땅에는 꽃도 풀도 없으니,
봄이 와도 봄 같지 않구나.
허리끈이 저절로 느슨해짐은,
몸매를 위해 노력한 것이 아니라네.

漢道方全盛,^{한도방전성}
朝廷足武臣.^{조정족무신}
何須薄命妾,^{하수박명첩}
辛苦事和親.^{신고사화친}

한나라 국운이 처음에는 융성했고,
조정에는 무장들도 많았다네.
어찌 꼭 박명한 여인에게,

괴로움을 겪으며 화친하러 가야 했던가.

掩淚辭丹鳳, 엄루사단봉

含悲向白龍. 함비향백룡

禪于浪驚喜, 선우랑경희

無復舊時容. 무복구시용

흐르는 눈물 가리고 단봉성을 떠나,

슬픔을 삼키며 오랑캐 땅 백용대로 향하네.

오랑캐 왕 선우는 놀라 기뻐했으나,

옛날의 그 얼굴이 아니네.

많은 궁녀 가운데 왕소군이 선택된 것은 가난한 집 출신이어서 화공에게 뇌물을 주지 못해 추녀로 그려진 것이 원인이란다. 본래 왕소군은 중국 4대 미인에 들어갈 정도의 미녀로 낙안 왕소군이라고도 한다. 하늘을 날던 기러기가 그녀를 보고 미모에 놀라 떨어졌다는 데서 붙여진 별칭이다. 당시 전한의 황제 원제가 왕소군을 보내는 자리에서 처음 그녀를 보고 미모에 놀랐지만, 어찌할 수가 없어 보내고 추녀로 그린 화공을 찾아 처단했다고 한다. 백성을 지키지 못하는 나라나 황제가 왜 있어야 하는지를 소군원 시는 우리에게 묻고 있다.

그러면 고개를 돌려 우리 역사에선 어떠했는지를 살펴보자. 때는 1909년 7월 9일 장소는 덕수궁이다. 이 날 전 황제 고종은 일본 추밀원 의장으로 전임하는 이토 히로부미 초대 조선통감과 후임 총독 소네 아라스케 등 일본인 3명과 대한제국 마지막 내각 총리대신 이완용의 예방을 받는다. 고종은 이들에게 사람^ 새로운^{新} 그리고 봄^{春}을 넣어 한시를 지으라고 한다.

이토를 비롯한 일본인 3명은 이렇게 지었다.

甘雨招來霑萬人(春畝)감우초래점만인(춘무)

咸寧殿上露華新(槐南)함녕전상점화신(괴남)

扶桑槿域何論態(西湖)부상근역하론태(서호)

단비가 처음 내려 만인을 적시고

함녕전 위로 이슬빛 새로우니

일본과 조선이 어찌 다르다 하리오.

이완용이 이를 받아,

兩地一家天下春(一堂)양지일가천하춘(일당)

23

두 땅이 한 집 되니 천하가 봄이로다.

라고 끝을 맺었다.

일본 사람들은 그렇다 치더라도 조선 사람인 이완용은 어떻게 이런 글을 스스럼없이 내뱉을 수 있단 말인가? 최소한의 민족적 자긍심도 없었단 말인가? 그런데 고종의 반응은 더 가관이다.
대가가상 즉 크게 기뻐하였다고 한다.
나라를 일본 놈들에게 넘겨줘 책임이 하늘을 찌르는데 기뻐하다니 참 한심한 군주로다.
위의 두 사례에서 우리는 지도자를 잘 만나야 한다는 평범한 사실을 깨닫게 된다.

수현 지도자는 지도자답게 잘 행동해야겠네요. 국민을 생각하며 나라를 잘 다스려야겠네요. 할아버지가 하신 얘기를 들으니 할아버지께서 해주신 이야기 중 군군신신부부자자와 노블레스 오블리주가 떠오르네요.

할아버지 그렇지. 네 말이 맞다. 배운 지식을 잘 활용하는구나.

24

태준 이 글에서는 좋은 지도자를 섬기라고 하는데 저도 이 말에 동의합니다. 학교에서도 선생님을 잘 만나야 하고 전쟁할 때도 장군을 잘 만나야 하기 때문이죠. 전 13년 동안 지도자를 잘 만난 것 같습니다. 그래서 다행이죠.

태훈 '불안은 도망칠수록 더 세게 다가온다. 피하지 말고 직시하라. 행복은 고정된 형상이 아니고 유동적인 관계에서 만들어진다. 형편에 따라 내가 만드는 것이다.'라는 말이 매우 마음에 들었습니다. 우리나라의 왕이 일본인과 친일파가 쓴 글을 보고 매우 기뻐했다는 것이 매우 화가 나고 왕이 너무 무책임하단 생각이 들었습니다. 그리고 그런 왕을 숭배하는 백성들과 일제강점기에 나라를 뺏겨서 다시 되찾기 위해 노력하는 독립운동가들이 매우 불쌍하고 힘들었을 것 같습니다. 현재 우리나라의 위정자들도 그렇습니다. 지금 코로나19 때문에 가장 힘들고 고통받고 있는 국민을 신경 써야 될 상황에 옆 나라 중국을 더 신경 쓰고 있으니 너무 화가 나고 무책임해 보였습니다. 감사합니다.

춘래불사춘 春來不似春

할아버지 봄이 되니 동방규의 시가 생각났는데, 내 나름대로 시를
써 보았다.

봄이 와도 봄 같지 않네(春來不似春, 춘래불사춘)

내 맘에 꽃과 풀이 없으니

봄이 와도 봄 같지 않습니다

내 속에 노고지리 종달새 날지 않으니 봄이 와도

노래가 없습니다

나에게 따사로운 봄볕 없으니 봄이 와도

어름 세상 녹이지 못하네요

낯선 땅 호지(오랑캐)에서 애타게 봄을 찾은 가련한

왕소군이여

26

봄을 도둑 맞은 내 맘에

들어와 꽃과 풀이 되소서. 봄이 되소서

느낀 점을 써 보거라.

주현 저는 봄을 코로나19에게 빼앗겼어요. 코로나야 봄을 돌려줘~

수현 이 시는 지금 우리나라의 상황을 이야기하는 것 같아요. 황사도 없고 미세먼지도 없는 봄이 왔는데 고작 바이러스 때문에 전 국민이 밖에 나가 봄을 즐기지 못하니 안타까울 뿐이에요.

할아버지 이 시에서 왜 왕소군이 느닷없이 등장했는지를 생각해 봐라.

수현 왕소군은 한나라 때 후궁으로 절세 미인이었어요. 화공에게 뇌물을 주지 않아 화첩에 들어갈 그림에 점을 찍히게 되면서 흉노 왕과 결혼까지 하게 된 불행한 사람이에요. 오랑캐 땅에서 고향의 봄을 그리워하는 왕소군의 절절한 마음을 나타낸 것이 아닐까요?

할아버지 현재의 나와 옛날 왕소군과는 공통점이 있다. 나에겐 마음에 꽃과 풀이 없고, 왕소군에게는 살고있는 오랑캐 땅에 꽃과 풀이 없어 실제로 봄을 느끼지 못한다는 공통점이 있다. 그런데 내 맘에 들어와 꽃과 봄이 되어 달라고 부탁한 배경은 무엇일까?

호지에서 애타게 봄을 그리워하며 찾았지만 끝내 이루지 못한 왕소군의 한을 같은 처지의 나를 통해, 자신이 직접 봄이 되어 풀어보면서 나에게도 봄을 안기는 그런 왕소군이 돼 달라는 바람이 담겨있다. 다시 말해 봄을 무작정 기다리지만 말고 자신이 직접 봄 그 자체가 돼보라는 것이다. 봄의 객체가 아닌 주체가 되라는 뜻이다.

수현 어렵게 느껴지는데 할아버지의 설명을 들으니 조금은 알 것 같아요. 모두가 먼저 봄이 되고자 다짐하고 움직이면 봄은 더 빨리 올 것 같네요.

고양이에게 배우는 행복을 잡는 법

할아버지   독일의 대문호(크게 뛰어난 문장가) 괴테^{Johann Wolfgang von Goethe, 1749~1832}는 나를 만나지 못하는 사람은 길이 없다고 하면서 자신과 만나는 시간을 자주 가지라고 했다. 남 보기에 아름답게 사는 것을 넘어 스스로 느끼기에도 아름다워야 한다는 것이다. 괴테는 「경고」라는 시에서도 같은 맥락의 권면을 하고 있다.

어디까지 방황하며 멀리 가려느냐?
보아라 좋은 것은 여기 가까이 있다.
행복을 잡는 법을 배워라.
행복은 언제나 네 곁에 있다.
기억하라! 지금 이 순간 행복하지 않으면

내일도 행복할 수 없다.

고양이를 애지중지(매우 사랑하고 귀중이 여김)하여 이름까지 지어 주고 곁에 둔 임금이 있었다. 조선 19대 왕 숙종$^{1661~1720}$이 바로 그 임금이다. 어느 날 후원을 거닐다 굶주려 죽어가는 금색 털의 고양이를 보게 된 숙종은 데려와 금덕이라는 이름을 지어 주고 궁궐에서 길렀다. 금덕이는 새끼를 낳고 얼마 안 되어 죽자 장례까지 치러 줬다. 숙종은 홀로 남은 새끼를 금손이라 부르며 정을 듬뿍 주었다. 직접 먹이도 주고 정사를 볼 때도 곁에 두고 쓰다듬을 정도였다고 한다. 심지어는 이불 속에 두고 같이 잠을 잤다는 말도 있다. 이런 숙종이 세상을 뜨자 금손이는 먹이도 먹지 않고 울기만 하다가 주인의 뒤를 따랐다고 한다. 사람들은 금손이를 숙종 무덤인 금릉 곁에 묻어 줬다. 이런 사실은 이익의 『성호사설』, 김시민의 『동포집』, 이하곤의 『두타초』 등에 기록돼 알려지게 됐다. 숙종이 고양이를 가까이하게 된 것은 잦은 정쟁(정치싸움)에서 고양이를 보면서 위로를 받으려 했던 것 같다.

조선 왕 가운데 정도의 차이는 있지만, 성종은 낙타, 송골매, 원숭이를 키우려 했으나 신하들의 반대로 뜻

을 이루지 못했고, 연산군은 자신의 고양이를 돌보던
내관이 이를 잃어버리자 매질 형에 처하기도 했다.

주현 저는 이해가 안 가요. 더 생각해 보고 답장을 할게요.
저도 제 주변에서 행복을 찾으며 행복하게 살게요.

수현 할아버지의 말씀을 들으니 소확행(소소하지만 확실한
행복)이 떠오르네요. 저도 주변에서 거창한 행복보다
소확행을 찾으며 살게요.

할아버지 그런데 말이야, 행복 이야기하다 숙종의 고양이 사랑
이 느닷없이 나오는데 이것은 앞글 내용과 어떤 연관
이 있는 걸까?

수현 아마도 숙종에게는 고양이가 주변에서 찾을 수 있는
확실한 행복이었던 것 같아요.

할아버지 맞다. 작은 행복 사례로 숙종의 고양이 사랑을 소개한
것이다. 숙종은 왕권강화를 위해 세 차례나 정치판 주
도 세력을 교체하면서 수많은 사람을 죽게 했다. 그
과정에서 왕비 인현왕후를 내치고 장희빈을 죽게 했

다. 그래서 고양이 재롱 보는 것이 그의 유일한 낙이
됐는지도 모르겠다.

수현 두 명의 아내 중 한 명을 잃고 한 명에게는 배신을 당
한 숙종에게 고양이는 유일한 낙이었을 것 같네요.

태훈 옛날 왕들도 백성들처럼 애완동물을 키우고 다녔다니
새로 알게 되었고 흥미로운 사실을 알게 되었습니다.
그리고 괴테라는 분도 알게 되었습니다. 괴테의 「경고」
라는 시에서 행복을 잡는 법을 배우라는 구절이 저의
가슴을 울렸습니다. 왠지 모르게 그 구절이 다른 구절
보다 훨씬 좋았습니다. 이런 시도 보내주셔서 정말 감
사합니다.

태준 저도 그렇습니다. 날씨가 따뜻하지만 나가질 못하고
참 힘듭니다. 하지만 그런 역경을 이기고 일어나면서
전 더욱 강해지죠. 저희 집은 개나 고양이를 키우지
않지만, 물고기가 있었습니다. 저희 집 물고기는 저희
가족과 대략 3년을 같이 살았습니다. 하지만 한 달 전
에 죽고 말았죠. 저희 가족은 집 앞에다가 묻어 주려
했지만, 변기에 버리고 말았습니다. 너무 슬펐죠.

겁을 내면 여우가 더 크게 보인다

할아버지 봄이 붓을 들어 산과 들에 그림을 그리기 시작했다.
겨우내 움츠려 있던 초목에 예쁜 꽃과 움트는 새싹을
그리고 있다. 생기가 약동하는 이 봄에 우리도 아름
다운 글귀로 마음의 꽃을 피워 봄이 어떨까?

- 나무를 베는데 한 시간을 준다면 먼저 도끼를 가
  는데 45분을 쓰겠다.

  (미국 제16대 대통령 에이브러햄 링컨, Abraham Lincoln,
  1809~1865)

- 불안은 인간존재의 특징이다. 불안을 통해 자신이
  살아있음, 즉 존재감을 느낀다.

  (독일 실존철학자 마르틴 하이데거, Martin Heidegger,
  1889~1976)

- 우리가 두려워할 것은 두려움 그 자체이다.

(미국 제32대 대통령 프랭클린 루즈벨트, Franklin Delano Roosevelt, 1882~1945)

- 겁을 내면 여우가 더 크게 보인다.(독일 속담)

- 두려움에 사로잡히면 개인, 군중, 나라도 제정신대로 생각하거나 행할 수 없다.

(영국 철학자 버트런드 러셀, Bertrand Arthur William Russell, 1872~1970)

- 공포는 확신이 부족해 생긴다. 불안감이 공포를 부른다.

- 장애물은 넘어지라고 있는 것이 아니고 넘어가라고 있는 것이다.

- 물 웅덩이를 찾아다니는 물오리보다는 대륙과 바다를 넘나드는 기러기가 되어라.

수현 글귀 중 '두려움에 사로잡히면 개인, 군중, 나라도 제정신대로 생각하거나 행동할 수 없다.'가 지금 이 시국을 말하는 것 같아요. 바이러스로 인하여 정부도 제 일을 하지 못하고 시민 의식도 떨어지니 꼭 우리나라를 예로 드는 것 같아요. 그리고 할아버지 많이 편찮으셨다고 들었는데, 몸조리 잘하시고 얼른 쾌차하세요. '겁을 내면 여우가 더 커 보인다.'는 게 참 재미있네요.

태훈 '장애물은 넘어지라고 있는 것이 아니고 넘어가라고 있는 것이다.'라는 말이 아무리 힘든 일이 있어도 포기하지 말고 그 고비를 넘기라는 말 같아서 좋았습니다. 그리고 '물웅덩이를 찾아다니는 물오리보다는 대륙과 바다를 넘나드는 기러기가 되라.'라는 말은 우물 안의 개구리가 되지 말라는 말과 비슷했습니다. 작은 곳 말고 더 큰 곳에서 열심히 하라는 것 같아서 저의 마음에 쏙 들었습니다. 감사합니다.

태준 저희 집 가훈은 '모든 일에도 후회 없이 최선을 다하자.'입니다.

할아버지 오래전 세상을 떠난 천상병 시인은 「귀천歸天」(하늘로 돌아가다 뜻)이란 제목의 시에서 이 땅에서의 삶을 소풍으로 그렸다.

> 나 하늘로 돌아가리라
> 새벽빛 와 닿으면 스러지는
> 이슬 더불어 손에 손을 잡고
>
> 나 하늘로 돌아가리라

노을빛 함께 단 둘이서

기슭에서 놀다가 구름 손짓하면은

나 하늘로 돌아가리라

아름다운 이 세상 소풍 끝내는 날

가서, 아름다웠더라고 말하리라

죽음은 누구든지 싫고 두려운 것인데 이 시인은 소풍 끝나 즐거운 맘으로 콧노래 흥얼거리면서 집으로 돌아가는 것으로 묘사했으니 참 희한하다. 보통 죽음과 관련해 한자 말로 생자필멸^{生者必滅}이란 말을 많이 쓰는데, 산 것은 반드시 죽는다는 뜻이다. 천상병의 소풍 끝남이나 생자필멸은 다 죽음을 가리킨 말이다. 그런데 뉘앙스는 완전히 딴 판이다. 소풍 길이 부드러우면서 거부감이 없는 편이라면 생자필멸은 그 반대의 느낌이다. 갑작스러운 할머니의 귀천을 놓고 많이 놀라고 슬플 것이다. 시인의 속삭임처럼 할머니도 소풍을 떠났다고 생각하면 어떨까?

태훈 이번에 저희 할머니가 돌아가셔서 매우 슬프고 힘들었습니다. 코로나19 때문에 할머니 얼굴을 설날 이후

36

로 보지 못하고 할머니께서 입원하신 뒤로는 더욱 보지 못했습니다. 그런데 아빠와 엄마께서 집에서 울고 계셨습니다. 할머니께 뭔 일이 생기신 것 같았습니다. 알고 보니 중환자실에 계신 할머니께서 의식을 잃고 계셨던 것입니다. 우린 바로 달려갔지만, 결과는 할머니께서 돌아가셨다고 했습니다. 그때 전 할머니께 너무 죄송했습니다. 할머니께서 제가 종손이라고 절 많이 이뻐해 주셨는데 전 설날 이후로 할머니를 뵈지 못한 게 안타까웠습니다. 그 뒤로 많이 울었습니다. 아직 할머니의 빈자리가 많이 큰 것 같습니다. 할아버지 말씀대로 할머니께서는 소풍 길을 잘 끝내고 아름답게 가셨을 것입니다. 할아버지도 오래오래 사시고 건강하세요. 감사합니다.

태준 할머니는 아직 저의 마음속에 살아계십니다. 할머니께서 소풍을 끝내셨어도 아직 제 마음 속에서는 소풍을 하고 계시죠. 저희 가족 모두 슬퍼했죠. 하지만 저희가 통곡을 한다고 할머니는 돌아오시지 않기 때문에 저의 마음속에서만 살아계십니다.

옳은 일이 아니면 행하지 않는다

할아버지 불의와 악행이 판치는 역사의 격랑 속에 살다 보니 옛
Part. 1
날 선비들이 그립구나. 자신의 목숨보다 대의를 더 소
중히 여기고 말과 행동이 일치하는 그 선비가 보고 싶
다. 그들은 지조와 절개를 꿋꿋이 지켰고 눈앞의 권력
과 부귀에 연연치 않았다. 언제나 명분과 의리에 따라
행동하고 나라가 위태로울 땐 분연히 일어나 온몸을
내던졌다. 평상시에는 선현들의 가르침을 따라 학문과
덕을 닦는데 힘썼으며 겸손함을 잃지 않았다. 때로는
끼니를 거를 만큼 가난했지만 그때도 비굴하지 않았
다. 남을 비판, 폄하하기에 앞서 항상 자신을 먼저 돌
아 보면서 몸과 마음을 다스리고 삼갔다.

고대 중국의 5대 경서 중 하나인 『예기禮記』에는 선비

의 자세에 대해 더 구체적으로 기록하고 있다.

- 돈보다 인격을 중히 여긴다.
- 옳은 일이 아니면 행하지 않는다.
- 널리 배워 모르는 것이 없다.
- 눈앞에서 남을 면박주지 않는다.
- 가난해도 뜻을 버리지 않는다.
- 자신의 잘못을 남의 탓으로 돌리지 않는다.
- 자신의 고민을 쉽사리 드러내지 않는다.

나랏일을 하는 사람들을 비롯해 모든 지도층이 이 같은 선비의 도와 덕을 갖추고 있다면 얼마나 좋을까? 자신을 드러내고 높이는 데만 매달렸지 낮추고 깊게하는 데 등한시하니 옛 선비 같은 인물을 찾을 수가 없어. 오호통재로다. 박복한 이 민족이로다.

세종 때 영의정을 지낸 황희는 신분을 가리지 않고 백성을 사랑했다. 자기 밥상에 하인 자식들이 몰려오면 스스럼없이 자신이 먹던 밥을 덜어 내주었다. 하인들 또한 하늘이 내리신 백성인데 어찌 포악하게 부리겠느냐며 자손들에게 훈계하는 글을 내릴 정도로 천인들의 인권을 소중히 여겼다. 세종 시대 좌의정을 지낸 맹사성 역시 청렴하기로 이름이 높다. 비 오는 날 병조판서가 맹 정승 집을 방문했다가 지붕이 새서 옷을 다 적시고 귀가해 "정승 집이 이러한데 어찌 바깥 행랑채가 필요하리요." 하며 자신의 행랑채를 헐어버린 것도 잘 알려진 일화다.

조선 명종 때 좌의정 안현은 베옷과 나쁜 음식만으로 일생을 지냈다. 청렴하고 검소한 행실로 널리 인정을 받았다. 그러한 그가 심한 종기를 앓았다. 의원이 지렁이즙을 발라야 낫을 수 있다고 하자 말리면서 다음과 같이 말했다. "바야흐로 봄이 되어 만물이 소생하고 자라는데 그것이 비록 미물일지언정 어찌 나의 병을 치료하기 위해 생명이 있는 것을 죽일 수 있단 말인가?" 하며 거절했다. 결국 종기로 숨을 거두었다. 하찮은 미물의 생명까지도 이리 소중히 여겼거늘 사람이야 여북했겠나? 두말하면 잔소리지. 너희들도 몸과 마음을 다해 학문을 닦아 옛 선비의 길을 갔으면 좋겠구나.

수현 할아버지께서 말씀하신 선비의 자질은 현재 우리나라 지도자들이 꼭 갖춰야 할 것 같아요. 특히 '옳은 일이 아니면 하지 않는다.'라는 말은 자신의 이익을 위해 비례 정당을 만들고 단지 표를 얻기 위해 터무니없는 공약을 세우는 후보들이 잘 알아두면 좋겠네요.

태훈 옛 선비들은 자비롭고 남의 목숨까지 생각하며 지혜로 웠던 것 같습니다. 돈보다 인격을 중요하게 여기고 남을 면박하지 않고, 옳은 일이 아니면 행하지 않는다니 많은 선행을 하신 것 같습니다. 하지만 저런 선비들 말고 나쁜 탐관오리들은 돈으로 권력을 사는 등 많은 나쁜 짓을 했을 것입니다. 다행히도 위의 글처럼 영의 정 황희와 좌의정 안현 같은 분들이 있었던 것입니다. 돈이 많다고 남을 흉보거나 자신보다 천하다고 생각하면 안 됩니다. 좋은 글을 보내주셔서 감사합니다.

태준 옛날에는 권력을 가지고 힘든 백성들을 괴롭히고 돈을 빼앗아서 힘들게 살게 했는데 황희와 맹사성은 힘든 백성들을 괴롭히지 않고 도와주었습니다. 저희도 힘들고 아픈 사람을 괴롭히지 않고 힘들 때 많이 도와주어야 합니다.

내치와 외치의 중요성에 대하여

할아버지 글은 의미 없이 긴 것보다는 뜻을 담은 짧은 글이 더 깊은 감동을 준다. 급소를 찌르는 그런 글귀를 통해 추리와 상상력을 키우고 지식과 지혜의 폭을 넓혀 보았으면 좋겠다.

인생은 톱니바퀴다.

높이가 아니고 깊이다.

사랑은 채우고 미움은 비워야 한다.

사람은 박수칠 때 떠나야 한다. 그게 유종의 미다.

말이 화합하면 백성들이 모이겠고 말이 즐거우면 백성들이 안정된다.

약이 되는 말은 늘어나고 칼이 되는 말은 줄어드는 세상이 옳은 세상이다.

우리는 내 인생이란 영화의 주인공이다.

겨울의 한복판에서 나는 마침내 내 안에 굴복하지 않는
여름이 있다는 것을 알았다.

(알베르 카뮈^{Albert Camus, 1913~1960})

좋은 위기를 낭비하지 말라.

(윈스턴 처칠^{Winston Leonard Spencer Churchill, 1874~1965})

젊음은 젊을 때부터 챙겨야 한다.

하늘에 닿기 원하는 나무는 땅속 깊은 곳까지 뿌리를 내
려야 한다. 나무는 가장 높은 곳과 가장 낮은 곳 둘 다
존재해야 한다.

(독일 프리드리히 니체^{Friedrich Wilhelm Nietzsche, 1844~1900})

태훈 윈스턴 처칠의 '좋은 위기를 낭비하지 말라.'는 말이 좋
았습니다. 왜냐하면, 말 그대로 좋은 일을 놓치지 말
라는 뜻이기 때문입니다. 물론, 그런 좋은 일들을 남
에게 양보를 할 수도 있습니다. 할아버지께서 보내주
신 말들 모두 좋은 명언인 것 같습니다. 보내주셔서
감사합니다.

주현 저는 좋은 위기를 낭비하지 않는 사람이 될게요.

수현 '박수칠 때 떠나야 한다. 그게 유종의 미다.'라는 말이 일을 잘해놓고 만족할 줄 모르고 사족을 만들다가 망한 사람들이 잘 새겨들어야 할 것 같아요.

할아버지 한 나라의 다스림은 내치와 외치 둘로 나눌 수 있다. 내치는 나라 안의 정치를, 외치는 다른 나라와의 외교를 다루는 것이다. 어느 것 하나도 중요치 않은 것이 없다. 어느쪽 하나만 잘해도 안되는 세상이다. 둘 다 잘해야 망하지 않고 살아남을 수 있기 때문이다. 그래서 한 나라의 통치자는 선거에서 이기면 아무나 하는 그런 자리가 아니다. 나라의 흥망을 고려하고 그 자리에 합당한 자를 세워야 한다.

역사적 사실을 통해 통치자로 인한 흥망성쇠를 탐구해 보자. 기원전 4세기 마케도니아 알렉산드로스 대왕은 기원전 323년 6월 바빌론 왕궁에서 33세로 급사하기까지 계속 정복 전쟁을 해 북아프리카 인도에 이르는 광대한 영토를 차지했다. 밖으로만 나가다보니 나라 안 정치는 자연 소홀할 수밖에 없었다. 그는 정복 과정에서 인종을 초월한 평등, 문화를 초월한 관용, 동서를 넘는 통합이란 이정표를 세워 이를 실현해 위대한 정복자란 찬사를 받았지만, 국내적으로는 지지를 받지 못했다. 내부의 적이 많았다. 그럴 때마다 왕은 무자비하게 제거했으나 반발은 수그러들지 않았다. 대왕의 사후 후계 다툼에서 이긴 카산드로스도 반 왕파였다.

카산드로스는 걸림돌이 되는 왕의 일가 친척을 모조리 제거했다. 왕의 어머니, 아내, 아들 등이 잘난 아들, 아버지, 남편 때문에 무고히 죽음을 맞아야 했다. 이 얼마나 엄청난 비극인가!

우리 역사에선 내치, 외치 모두 잘못하여 임진왜란을 초래한 선조 임금이 그 대표적 인물이다.

이율곡의 십만양병설을 일축하고 1589년 10월엔 정여립 모반사건을 다루는 기축옥사^{己丑獄事1}를 일으켜 조선인 천재급 인사 1천여 명을 처단해 10년 후에 전무후무한 국난을 불러들였다.

왜^倭 풍신수길^{豊臣秀吉(1536~1598, 도요토미 히데요시)}은 임란 준비 시 기축옥사를 통해 많은 조선 인재가 살육당한 점도 고려했다는 설이 있다. 당시 조선 인구 5백여 만 명중 1천여 명은 대단한 숫자이다. 오늘날 인구 기준으로

봄의 학당

---

1. **기축옥사(己丑獄事)** 기축사화(己丑士禍)라고도 한다. 기축년인 1589년 정여립을 비롯한 동인의 인물들이 모반의 혐의로 박해를 받은 사건이다.

는 1만여 명에 이른다고 볼 수 있다. 통치자뿐만 아니라 조직의 책임자, 심지어는 가정의 가장에 이르기까지 그 책임은 막중한 것이다.

너희들도 어른이 되어 이 같은 일을 감당할 때 안과 밖의 일을 조화롭게 잘 처리하기를 바란다. 대지를 박차고 힘차게 날아오르자.

수현 알렉산드로스 대왕은 너무 영토를 넓히는 데만 집중해서 죽은 뒤 나라에 혼란이 왔지만, 반대로 광개토대왕은 나라를 넓히는 동시에 나라 안에도 기틀을 만들었지요. 두 왕은 서로 반대되는 것 같아요. 저는 하나를 잘하는 것보다 둘을 잘하는 사람이 될게요. 건강 조심하세요.

할아버지 몽아학당 보충 글이다. 왜 알렉산드로스는 외방 정복에 매달렸을까 이유를 추론해 보는 것도 좋을 것 같다. 마케도니아는 같은 그리스권 나라이면서도 아테네, 스파르타, 테베, 코린토스 등 남부권 도시국가에 비해 매우 낙후되어 있어 제대로 국가 대접을 못 받았다. 마케도니아인들은 스스로 그리스인을 자처하나 정작 그리스인들은 이들을 야만인이라며 무시했다. 알렉산드로스도 이를 뼈아프게 여기며 성장했을 것이다. 게다가 20세에 왕이 되자 어린 왕을 깔보고 도처에서 반란이 일어났다. 어린 왕은 바람처럼 빠르게 이들을 진압, 탁월한 무장임을 입증했다. 알렉산드로스는 이러는 동안 더 훈련되고 전쟁에 대한 자신감이 생겼을 것이다. 잦은 도발이 그를 싸움꾼으로 만든 셈이지. 거기에다 남부에 대한 열등감이 더해져 세계적 싸움꾼 정복왕이 나온 거라고 본다.

다음은 정여립鄭汝立, 1546~1589에 대해 알아보자. 전주사람이고 과거에 급제한 후 이율곡 추천으로 관직에 올랐는데 율곡이 죽자 그를 폄하하는 말을 하고 다녀 선조의 진노를 샀다고 한다. 여립은 동인임에도 서인인 이이를 사사해 이이의 천거를 받기도 했지만, 스승의 사후 나라를 망친 소인이라고 혹평, 스승을 배반했다. 이 바람에 잠잠했던 당쟁이 다시 소용돌이치기도 했다.

정여립은 왕위 세습과 충군 사상을 부정한 공화주의자로서 올리버 크롬웰Oliver Cromwell, 1599~1658(영국의 정치가이자 군인으로 브리튼 제도의 역사에서 두각을 나타냈다.)보다 50년이나 앞선 진보적 사상가였다. 정여립은 고향에 은거하며 대동 세상을 꿈꾸었고 이를 준비하던 중 내부 밀고자에 의해 거사 전 발각되어 자

살로 생을 마쳤다. 왕후장상의 씨가 따로 없는 것처럼 귀천의 씨가 없다. 천하는 백성의 것이지 임금 한 사람이 주인이 될 수 없다. 누구든 섬기면 임금이 아니겠는가. 백성에게 해가 되는 임금은 죽이는 것도 가하고 올바른 행실이 모자라는 지아비는 버려도 된다. 이 말들은 놀랍게도 모두 정여립의 발언이다. 전제 군주 시대에 도저히 꺼내지 못할 말을 그는 감히 했다.

태훈 위의 글은 정치를 할 때 중요성을 알려주고 있습니다. 그것은 한 나라를 다스릴 때는 나라의 외부 일과 내부 일을 모두 충실히 해야 하는 것입니다. 다시 말해, 정치를 할 땐 알렉산드로스 대왕처럼 정복 전쟁만 하느라 내부 일들을 소홀히 하였습니다. 그 결과 잘난 아들의 아버지 때문에 가족이 살해되는 만행이 일어났습니다. 이처럼 정치는 어느 한쪽에 치우치지 않아야 합니다. 감사합니다.

알렉산드로스가 20세에 왕이 되어서 많은 사람에게 무시 받고 그리스인들에게도 무시를 받은 결과 그를 싸움꾼으로 만들었습니다. 그리고 정여립이란 사람은 크롬웰보다 더 앞선 진보적 사상가라는 것을 처음 알게 되었습니다.

태준 맞습니다. 어느 한쪽만 중요하지 않습니다. 만약 선거에서 한 사람은 붙고 한 사람은 떨어졌는데 떨어진 사람은 필요하지 않습니까? 아닙니다. 그 사람도 꼭 필요합니다. 그렇기에 그 떨어진 사람을 비난하고 욕을 하면 안 됩니다. 전 알렉산드로스를 알고 있었습니다. 알렉산드로스는 옛날에 아주 큰 제국을 만들었죠. 근데 할아버지께서 지금 말씀해주셔서 더 자세히 알게 되었습니다.

봄의 학당

어머님의 사랑은 그지 없어라

할아버지 푸른 5월의 색을 가슴에 담아 본다. 초록의 서정시를 쓰는 5월은 가난해도 모든 것을 다 가진 듯하고 기대하는 바가 없어도 다 가져올 듯한 때다. 그러면서도 계절의 여왕 푸른 여신 앞에 내가 웬일로 무색하고 외로워지기도 한다. 이해인, 이양하, 노천명 등이 5월을 이렇게 아름답게 읊었다.

모두의 가슴에 꿈과 희망이 부풀어 오르는 이 계절에 원주 외가에선 모두 모여 지난 2일 가래질을 했다. 논 가장자리에 물길을 내고 철버덕거리면서 즐겁게 작업을 마쳤다. 예년엔 인천과 계룡에서도 모두와 가족애의 일체감을 다졌는데 올해는 오지 못해 많이 아쉽기도 했다. 작업을 하면서 물의 속성에 대해 알게 된 것은 덤으로 얻은 수확이라 할 수 있겠다. 일반적으로 물은 굳은 것을 녹이는 것으로만 알고 있다. 그런데 이번 작업을 통해 물은 녹일 뿐 아니라 소량의 물은 굳히는 기능이 있음을 알게 됐다.

수현 소량의 물은 땅을 굳히지만, 다수의 물은 땅을 녹인다니 물의 양면성은 참 놀라운 것 같아요. 아마도 물을 본받으라는 말은 물의 양면성과 균형을 두고 하는 말 같네요.

할아버지 다음에 나오는 글은 좋은 글이라서 퍼왔다.

〈오월이 오면 생각나는 이름 어머니..!!〉

일제강점기 이흥렬李興烈이라는 음악에 남다른 재능이 많은 청년이 있었습니다.

그는 재능이 있는 음악 공부를 위해 일본으로 유학을 떠났습니다. 그러나 작곡을 위해 피아노가 없으면 음악 공부를 할 수 없다는 것을 알았습니다. 그래서 어머니께 편지를 썼습니다.

어머니, 피아노가 없으니 음악 공부를 더 이상은 할 수 없어요. 음악에는 피아노가 필수라는 것을 뒤늦게야 알았습니다. 소자는 음악 공부를 이만 접고 귀국하려고 합니다.

한편 어머니는 혼자 몸으로 유학 간 아들 뒷바라지를 하느라 가진 것도 없었지만, 조금씩 늘어난 빚만 고스란히 남았습니다. 하지만 어머니는 다음날 새벽부터 땅거미가 질 때까지 동네 근처부터 원거리 산이란 산을 모조리 뒤져 쉼 없이 솔방울을 긁어 모았습니다.

불쏘시개로 화력이 좋은 솔방울을 팔아 거금 400원(1930년대 쌀 한 가마는 13원)을 만들어 아들에게 보냈습니다. 아들은 생각을 바꾸어 그 돈으로 피아노를 샀습니다.

그래서 '이흥렬' 그가 제일 처음으로 작곡한 노래가 시인이며 문학박사인 양주동 님의 시 「어머니의 마음」입니다.

낳으실 제 괴로움 다 잊으시고
기르실 제 밤낮으로 애쓰는 마음,
진자리 마른자리 갈아 뉘시며,
손발이 다 닳도록 고생하시네.
하늘 아래 그 무엇이 넓다 하리요,
어머님의 희생은 가이 없어라.

어려서는 안고 업고 얼러주시고,

자라서는 문에 기대어 기다리는 맘,

앓을 사 그릇될 사 자식 생각에,

고우시던 이마에는 주름이 가득,

땅 위에 그 무엇이 높다 하리요,

어머님의 정성은 지극하여라.

사람의 마음속엔 온 가지 소원,

어머님의 마음속엔 오직 한가지,

아낌없이 일생을 자식 위해,

살과 뼈를 깎아서 바치는 마음,

인간의 그 무엇이 거룩하리요.

어머님의 사랑은 그지없어라.

어머니!!~~

제2차 세계대전을 승리로 이끈 '윈스턴 처칠'이 세계
적인 인물로 부상했을 때 영국의 한 신문사가, 유치원
부터 대학까지 처칠을 가르친 교사들을 전수 조사해
서 '위대한 스승들'이란 제목으로 특집기사를 실었다.
그 기사를 읽은 처칠은 신문사에 자신의 마음을 담은
짤막한 편지 한 통을 보냈다.

"귀 신문사에서는 나의 가장 위대한 스승을 찾아내지 못했습니다. 그분은 바로 나의 어머님이십니다. 어머니는 제 인생의 나침반이었습니다."

미국의 레이건 전 대통령도 어머니 날 특집프로에 출연해서 어머니의 사랑을 이렇게 표현했다.

"나에게 가장 큰 영향을 끼친 인물은 바로 나의 어머니 '넬리 레이건' 여사입니다. 어머니는 가장 훌륭한 스승입니다. 오늘날 우리 사회를 지탱하는 힘은 바로 어머니의 사랑입니다."

역사적인 인물 뒤에는 끊임없이 사랑을 베풀어 주시는 훌륭한 어머니가 있었다. 신을 대신하는 이름의 어머니는 끝없는 사랑으로 인간을 만드는 위대한 스승이다. 다음의 일화도 마찬가지다.

신학기인데도 선생님이 부임하지 않았다. 학생들은 무료한지 여럿이 모여 모래 쌓기를 하고 있었다. 그 광경을 본 한 노인이 안타까워 선생님이 어디에 계신지 아는가? 지금 곧장 집으로 돌아가게나! 그대들을 맞으러 버선발로 뛰어나오는 사람이 자네들을 가르쳐줄 선생

넘이야! 아들이 대문을 열고 들어서자. 어머니는 아들을 껴안고 말했다.

'왜 이리 늦었어! 배고프지. 어서 들어가자.' 그리고 맛있는 음식을 만들어 주셨다.

어머니의 정이 인성교육이었다. 사소한 것부터 조금씩 시작하다 보면, 의외로 위대한 결과를 수없이 만들어 냅니다. 그는 어머니의 보살핌으로 열심히 공부하여 미국 제35대 대통령이 되었다. 그의 이름은 '존 F. 케네디^{John Fitzgerald kennedy, 1917~1963}'이다.

생명이 태어나서 제일 먼저 배우는 단어는 맘마고 엄마다. 태어나서 제일 먼저 보는 것도 엄마의 눈동자다. 어머니보다 위대한 스승은 없다.

언제 생각해도 눈물 나는 이름 어머니! 그 고마우신 이름의 어머님을 생각하며 이 글을 공유합니다.

어느 누구에게나 어머니는 계십니다. 젊은이건 나이 든 어른이건 어느 누구에게나 부르면 눈물나는 이름 어머니, 눈에 흙이 덮여도 부르고 싶고, 안기고 싶은 사람 어머니!

유독 많이 생각나는 오월입니다.

고맙습니다. 감사합니다. 오늘도 행복하세요.

태훈 5월은 가정의 달입니다. 이번에 외갓집을 갔어야 하지만 코로나19 때문에 못 갔습니다. 예전이라면 다들 모여서 농사도 도와드리고 다 같이 밥을 먹었겠지만, 이번엔 못해서 너무 아쉽습니다. 할아버지께서 말씀하신 물의 속성은 굳은 것을 녹일 수 있고 소량의 물로는 굳힐 수도 있습니다. 물처럼 녹일 땐 녹이고 굳힐 때 굳히는 균형 잡힌 삶을 살겠습니다. 감사합니다.

태준 저도 어머니가 큰 도움이 됩니다. 제가 모르는 것도 알려주시고 저를 도와주시고 힘들 때 제가 의지할 수 있는 분입니다. 어머니는 무조건 필요하신 존재입니다.

어린아이에게도 귀를 기울여라

할아버지   단비가 내려 메마른 땅에 생기가 감도는구나. 사실 그
동안 너무 가물어 식물들의 발아(싹틔움)와 생육에
많은 지장을 주었다. 물은 사람이나 동·식물 생존에
절대적으로 필요한 요소이다. 특히 식물은 열매인 탄
수화물을 만들자면 광합성 작용을 해야하는 데 이때
빛 에너지와 공기 중의 이산화탄소 그리고 뿌리에서
흡수한 수분이 있어야 한다. 이 세가지 요소 중 하나
라도 빠지면 아무것도 안 된다. 열매 맺는데 필수요소
인 것이다. 만일 사람이나 국가가 식물처럼 열매 맺어
야 한다면 어떻게 해야 할까? 광합성에 해당하는 일이
무엇일까? 나는 사람의 경우 사랑이라고 생각한다. 사
랑으로 역경과 난관을 극복하고 살기 좋은, 미움 없는

세상을 만들 수 있다고 본다. 그래서 공자, 석가, 예수가 한 목소리로 사랑을 말했고 그런 세상을 만들려고 진력했다. 그러면 국가의 광합성에는 무엇이 있어야 하는가? 그것은 백성을 하늘처럼 여기어 섬기는 것이라 할 수 있다. 백성 없는 나라는 존재할 수 없기 때문이다. 백성이 곧 나라이니 슬프게 하거나 걱정을 끼쳐서는 안 된다. 어린아이일지라도 백성이니 무시하거나 깔봐서는 아니 된다는 것이다.

어린아이 이야기에도 귀를 기울여 듣고 행한 미국 대통령이 있다. 16대 대통령 링컨이다.

링컨은 상원 의원 선거에서 두 차례나 낙선한 이력을 갖고 있었는데 당시에는 수염을 기르지 않은 얼굴이었다. 190cm가 넘는 키에 얼굴은 긴 데다 야위어 보여 애처롭기까지 했다. 그 모습의 사진을 본 11세 소녀가 한 번도 만나 본 적 없는 링컨에게 편지를 썼다. '아저씨는 얼굴이 길고 야위어 보이니 수염을 기르면 훨씬 멋져 보일 거예요.' 링컨은 '너의 조언을 받아들이겠다.'고 답장을 썼다. 오늘날 링컨하면 덥수룩한 턱수염이 떠오르는데 이렇게 해서 만들어졌다. 1860년 대선 후보시절부터 기르기 시작했다. 아무나 하지 않을 일을 링컨이니까 가능했던 것이다. 이런 것이 백성을 하늘처럼 여기는 작은 사례라고 할 수 있지 않을까? 대지를 박차고 창공으로 비상하자.

태훈 링컨 대통령은 진짜 존경스럽습니다. 백성을 지극히 사랑하고 또 백성의 사소한 부탁을 들어준 것이 백성을 하늘처럼 여긴 사례인 것 같습니다. 한국엔 세종대왕이 있다고 생각합니다. 세종대왕은 글을 모르는 백성이 글을 아는 양반에게 돈과 땅을 털려 힘들어하는 백성들을 위해 배우기 쉬운 한글을 만들고 백성의 농사철을 위해 조선의 달력을 만들고 백성들이 시간을 알 수 있도록 해시계나 자격루^{自擊漏}2 등을 만들어서 백성들에게 편리함을 선물하셨습니다. 감사합니다.

수현 저는 나라가 열매 맺기 위해서는 백성을 하늘처럼 여기기보다 백성과의 소통이 더 중요하다고 생각해요. 정조 임금과 영조 임금 때는 신문고를 설치하여 백성들과 소통하여 태평성대가 되었기 때문이죠.

---

2. **자격루(自擊漏)** 조선 세종 16년(1434)에 장영실(蔣英實), 김빈(金鑌) 등이 왕명을 받아 만든 물시계. 물이 흐르는 것을 이용하여 스스로 소리를 나게 해서 시간을 알리도록 만든 것으로, 나무로 되어 있고 동자(童子) 인형 모양이다. 우리나라 국보로, 국보 정식 명칭은 '창경궁 자격루'이다.

만물은 저마다 때가 있다

할아버지   비 온 뒤 산과 들의 푸르름이 더해졌다. 우리 집 화단의 화초들을 비롯해 밭의 농작물들도 뿌리를 박고 쑥쑥 자라며 꽃을 피우고 있다. 오늘은 꽃밭에 심은 작약이 꽃망울을 터트려 화단을 온통 붉게 물들였다. 땅이 녹자 새싹이 움트기 시작했지만, 너무 미약해서 이렇게 화사한 꽃을 피우리라고는 생각도 못했기에 더욱 대견할 수밖에.

'시작은 미약하지만 나중은 창대하리라.'는 성경 말씀대로 그토록 작고 연약한 것이 커다란 화관을 만든 것이다. 나는 이런 자연 현상에서 두 가지 교훈을 발견한다. 시작은 미약하지만 나중은 창대하다는 것과 인간을 포함한 만물은 다 저마다 때가 있다는 것이다.

어리고 여리다고 업신여기고 무시하지 말아야 한다는 것이다. 아인슈타인^{Albert Einstein, 1847~1931}이나 처칠, 에디슨 Thomas Alva Edison, 1879~1955 같은 이들이 어릴 적 공부도, 적응도 잘 못하는 천덕꾸러기였지만 나중에는 얼마나 위대한 인물이 되었던가에서 해답을 찾을 수가 있다.

나무나 풀, 농작물도 보면 다 때가 있어 그 때를 놓치면 모두 망치게 됨을 볼 수 있다. 발아기, 성장기, 개화기, 결실기가 차례대로 있는데 이 순환고리가 어긋나게 되면 아무것도 이룰 수가 없게 된다. 이 때문에 때를 맞추는 것도 굉장히 중요하다. 사람의 경우 공부할 때는 공부에 매달려야 하는 것과 같다.

조선 정조 때 실학자 정약용은 1801년 신유사옥辛酉邪獄3에 연루되어 18년 동안 전남 강진에 유배 살면서 때를 잘 쓴 인물로 꼽을 수가 있다. 이 기간에 원망하고 한숨 쉬면서 지내지 않고 보배 같은 저술 활동을 해 『목민심서牧民心書』, 『경세유표經世遺表』 같은 불후의 명작들을 저술했다. 그가 이런 일을 안 했다면 74세까지 살 수 있었을까? 때를 잘 활용한 대표적 인물이다.

---

3. 신유사옥(辛酉邪獄) 조선 순조 원년(1801)인 신유년에 있었던 가톨릭교 박해 사건. 중국에서 세례를 받고 돌아와 전교하던 이승훈(李承薰)을 비롯하여 이가환, 정약종, 권철신, 홍교만(洪敎萬) 등의 남인(南人)에 속한 신자와 중국인 신부 주문모 등이 사형에 처해졌는데, 수렴청정을 하던 정순 왕후(貞純王后)를 배경으로 하는 벽파가 시파와 남인을 탄압하려는 술책에서 나왔다.

중국의 공자도 때와 관련해 다음과 같이 말했다.

삼십에는 뜻을 세우고^{而立}, 사십에는 어떤 유혹에도 넘어가지 말고^{不惑}, 오십에는 하늘의 명령을 알고^{知天命}, 육십에는 남의 말을 들으면 듣는대로 다 이해해야 한다^{耳順}고 했다. 때, 즉 나이에 맞도록 살아야 한다는 뜻이다. 너희도 이 글을 읽으면서 어떻게 살아야 하는지를 생각해 보기 바란다.

태훈 '어리고 여리다고 업신여기고 무시하지 말아야 한다는 것이다.'라는 말이 매우 좋았습니다. 그리고 아인슈타인과 에디슨은 공부도 못하고 천덕꾸러기라는 말 덕분에 에디슨과 아인슈타인이 한층 더 친근해졌습니다. 그렇지만 그들은 위대한 인물이 되었습니다. 시작은 미약하지만 나중엔 창대하리란 말처럼 저도 어떤 유혹에도 넘어가지 않고 남의 말을 무시하지 않으며 나이에 맞도록 살아가도록 하겠습니다.

수현 시작은 미약하나 나중은 창대하리라는 말은 어리다고 무시하지 말라는 뜻도 있지만, 끊임없이 노력하라는 뜻도 있는 것 같아요. 처음은 나약하지만, 끝은 완벽한 삶을 살게요.

태준 아인슈타인과 에디슨, 정약용 모두 어렸을 때 장난꾸러기였습니다. 하지만 커서 위대한 사람들이 되었죠. 예를 들어 꽃들도 씨였을 때는 이상하고 못생겼을 수도 있는데 꽃이 되면 엄청나게 예뻐지죠. 저도 크면 엄청 대단한 사람이 돼 있을 것입니다.

학동의 쉬는 시간 ❶

할아버지 잘 알려지지 않은 가벼운 이야기를 쓰려고 한다.

거대한 지적 성취를 이룬 아인슈타인에게 일상에서의 가장 좋은 일은 무엇이었을까? 프린스턴대학교 교수 시절 아인슈타인은 수학자 쿠르트 괴델^{Kurt Gödel, 1906~1978}과 함께 집으로 걸어가는 특권을 누리려 연구실에 나온다고 털어놓을 만큼 그의 일상은 명성에 비해 지극히 인간적이었다.

괴델은 아리스토텔레스^{Aristoteles, BC 384~322} 이후 가장 위대한 논리학자였는데 디즈니 만화를 좋아하고 편집증이 있는 괴짜였다.

노예제도를 없앤 링컨 대통령이 젊을 때 레슬링 선수였다면 믿을까? 링컨은 12년 동안 경기를 약 300회 치렀는데 딱 한 번 졌다고 한다. 지금 그의 이름이 미국 레슬링 명예의 전당에 올려 있다.

정복 왕 칭기즈칸Genghis Khan, 成吉思汗은 정복지를 다스리는 방편의 하나로 최초의 국제 우편제도를 만들었다.

태훈   이번 글로 신기한 사실들을 많이 알게 되었습니다. 그중 가장 흥미로운 글 3가지를 뽑자면 미국의 전 대통령 링컨이 레슬링 경기를 12년 동안 300회를 치렀단 사실과 첫 올림픽의 선수들이 모두 알몸이었단 사실입니다. 그리고 아르키메데스가 거울을 이용해 빛의 반사를 이용하여 적의 배에 불을 질렀다는 사실 또한 신기하고 흥미로웠습니다. 새로운 정보를 알려 주서서 감사합니다.

태준   와! 저는 이 사실을 모두 처음 알았습니다. 이야기들이 모두 신기하고 놀라웠는데 그중에서도 링컨 대통령이 레슬링해서 1번 빼고 다 이겼다는 사실은 거짓말인가 싶었습니다. 하지만 사실이었죠.

Part.2

여름의 학당

펭귄의 사랑으로 인종차별 극복하는 법

할아버지 지난 5월 25일 미국에선 조지 플로이드라는 흑인이 경
찰관에게 목이 눌려 살해당하는 사건이 발생했다. 이
를 계기로 인종차별 항의 시위가 미국 전역을 거세게
휩쓸고 있다. 흑인이었기에 억울하게 죽임을 당했다는
것이 핵심이다. 흑백 갈등의 도화선인 백인우월주의란
무엇인가? 하얀 사람이라는 백인은 실제로나 상징적
으로 희지 않다. 희다고 간주될 뿐이다. 흰색은 보편
성과 청결성 그리고 통제력으로 표현된다. 유럽과 아
메리카 대륙의 백인들은 실제 모습과는 관계없이 앞의
백색 가치를 지닌 존재로 다시 꾸며졌다. 이런 맥락에
서 포르투갈인은 희지 않은 피부를 가졌지만, 노예를
부리기 때문에 백인이 됐다. 나치 독일이 일본을 명예

백인으로 대한 것은 서구화됐다고 인정했기 때문이다. 백인들은 자신들의 발원지로 아시아와 유럽의 경계인 코카서스산맥을 꼽고 있다. 산맥이 주는 장엄함은 백인의 진취적 기상이고, 산 위의 만년설은 그들의 고결한 성품을 닮았다고 자부한다. 또 추운 산맥 날씨는 어떠한 고난에도 굽히지 않는 강인한 자신들의 기질과도 상응한다는 것이다. 다분히 자가 도취적 논리지만 이를 통해 우리는 백인우월감의 밑바탕을 엿볼 수가 있다.

흰색이 인종을 가리키는 단어로 쓰인 것은 1604년 옥스퍼드사전에서였다. 그리고 그림에서 백인이 등장하기 시작한 것은 르네상스 이후부터다.

흑인도 이 무렵에 나타났다. 성경에 아기 예수를 찾아간 동방 박사들의 피부색에 대한 언급이 없었는데도 이들을 흑인으로 그렸다. 오랜 역사적 갈등인 인종차별 문제는 어떻게 극복해야 할까? 아무리 생각해봐도 사랑 이상 답이 없을 것 같다. 극지에 사는 펭귄에서 사랑을 배워 이 역사적 난제를 해결해 보자. 영하 50도의 혹한과 강풍 속에서 몸으로 허들링(판자로 울담을 침)을 하며 서로의 체온으로 추위를 막듯이 함께해야 한다. 또 추위를 몸으로 막고 있는 맨 바깥 줄의 펭

권과 수시로 교대하며 고통을 분담하는 그 사랑으로
해묵은 인종 갈등을 해결해 봄이 어떨까?

태훈 인종차별은 없어야 합니다. 인종차별로 인해 자신들이
우월하다는 히틀러로 인한 대학살부터 흑인 노예 등
인종차별로 인해 많은 문제가 발생했습니다. 하지만
그런 문제를 해결하기 위해 노력한 사람들도 많이 있
습니다. 그들 덕분에 인종차별이 사라졌지만, 아직도
흑인은 더럽고 멍청하다고 생각하는 사람들이 있기도
합니다. 이젠 모두가 서로를 존중해 주고 서로의 부족
한 점을 채워주면서 행복하게 살아가야 합니다. 감사
합니다.

수현 저는 미국 전역에서 일어난 이번 시위가 단지 조지 플
로이드의 죽음에 반발하여 일어난 시위인 줄 알았는
데 신문을 보니 이미 미국에서는 오래전부터 흑인이라
고 억울한 죽음을 당하고 그 가해자에게 솜방망이 처
벌을 한 경우가 많더라고요. 미국은 애초에 여러 나라
의 사람들이 모여서 만들어진 나라인데 그런 나라에
서 인종차별이 심하다는 게 참 아이러니하네요. 게다
가 트럼프 대통령이 당선된 후에는 인종차별이 더 심

해졌다고 하네요. 하루빨리 전 세계에서 인종차별이 없어지고 우리는 모두 하나라는 공동체 의식이 생겼으면 좋겠네요.

태준 저도 그 소식을 들었습니다. 미국에서 인종차별을 하고 사람을 죽여서 뉴스에서 시위하는 게 나왔습니다. 저는 그 소식을 듣고 깜짝 놀랐습니다. 왜냐하면 요즘에 인종차별을 하는 것을 본 적이 없어서입니다. 그리고 사람도 죽었으니 더욱 깜짝 놀랐죠. 저는 절대 인종차별을 하지 않을 것입니다.

사람의 한계를 넘어 세상을 품어라

할아버지　중국 춘추전국시대^{BC 777~221} 초나라에 공왕^{BC 590~560}이
란 군주가 있었다. 그가 사냥을 나갔다가 활을 잃어버
렸다. 그 활을 놓고 중국에선 오랫동안 논란이 벌어졌
다. 그것도 공자, 노자 같은 쟁쟁한 현자들 사이에서
말이다. 논쟁의 빌미가 된 것은 공왕의 잃어버린 활이
아니라 공왕의 말이었다. 신하들이 활을 찾아 나가려
하자 왕이 말렸다. 그만둬라. 어차피 초나라 사람이
주울 것인데 뭣땜시 찾겠는가? 후에 공자가 이 말을
듣고 그 말에서 초나라를 빼고 사람이 주울텐데 하면
더 좋았을 것이라 했다. 공자는 나라를 떠나 사람이면
된다는 더 넓은 경지를 염두에 뒀다. 나라 경계를 넘
은 보편적 인간 이익을 추구해야 한다는 뜻이다. 훗날

도가의 수장인 노자도 이 말을 듣고 한 술 더 떠 공자의 말에서 아예 사람을 빼 버려야 한다고 했다. 사람의 한계를 넘어 세상 전체를 품어야 한단다.

태훈 제시문은 공자와 노자의 말에 대해 말하고 있습니다. 그것은 공왕의 말에 대해 논쟁을 한 것입니다. 다시 말해, 노자와 공자는 "활은 어차피 초나라 사람이 주울 것인데 뭐 땜에 찾느냐."라는 말에 초나라를 빼고 사람이 주웠으면 좋았을 텐데라고 생각합니다. 그와 반대로 노자는 자연에서는 누구도 소유를 주장할 수 없음이 자연의 이치라고 했습니다. 이처럼 남의 입에서 나오는 말보다 자기 입에서 나오는 말을 잘 들어야 한다고 생각합니다. 감사합니다.

수현 할아버지의 말씀을 들어보니 '공리주의'가 떠오르네요. 그리고 아빠께 말씀을 들어보니 '벤담Jeremy Bentham, 1748~1832'이라는 학자가 먼저 주장했다고 하네요. 그리고 공리주의 이야기를 들어보니 공리주의의 대표적인 예로는 하나님의 무한한 사랑이 떠오르네요.

태준 공자는 정말 지혜로운 사람이죠. 전 공자를 이름만 알지 잘 모르거든요. 근데 이 글을 보면 공자는 지금의 링컨 같은 사람인 것 같습니다. 그리고 여기서 자기가 말한 것을 잘 들으라고 있는데 저는 말을 할 때 한번 생각하고 말합니다.

한 나라의 이상과 정신이 담긴 애국가

할아버지 미국 애국가를 '성조기여 영원하라(성조기 The Star-Spangled banner 별이 반짝이는 깃발이란 뜻. 또 Stars and Stripes라고 하는데 뜻은 별과 줄무늬)'라고 한다. 미국독립전쟁[1775.4.19~1783.11] 중인 1779년께 공식 제정됐다. 전쟁 기간에 만들어서 그런지 가사가 매우 특이하다. 화약과 피 냄새가 물씬 풍기는 내용이다. 아마도 전 세계적으로도 이런 가사는 유례가 없을 것 같다.

O say can you see, by the dawn's early light,

오, 그대는 보이는가, 이 새벽의 여명 속에서,

What so proudly we hailed at the twilight's last gleaming

우리가 그토록 자랑스럽게 맞았던, 황혼의 미광 속에서

Whose broad stripes and bright stars through the perilous fight

넓은 줄무늬와 밝은 별들이, 이 치열한 전투 가운데

O'er the ramparts we watched were so gallantly streaming?

우리가 지키던 성벽 너머, 당당히 나부끼고 있는 것이?

And the rocket's red glare, the bombs bursting in air

로켓의 붉은 섬광과, 창공에서 작렬하는 폭탄은

Gave proof through the night that our flag was still there

밤새 지켰음을 증명하네, 우리의 깃발이 아직 그곳에 있음을

O say does that star-spangled banner yet wave

오, 말해주오 성조기는, 여전히 휘날리고 있는가?

O'er the land of the free and the home of the brave!
자유로운 이들의 땅, 용기 있는 자들의 고향에서!

국가는 한 나라의 이상과 정신이 담겨있는 노래이며 시적으로 아름답게 표현하는 것이 상례이다. 위에서 본 미국 애국가 1절만 보면 국가라기보다 치졸한 군가 수준의 가사라고 할 수 있다.

태훈 제가 궁금해했던 주제였습니다. 왜냐하면, 우리나라 는 군대가 단지 힘들어서 가기 싫어하는데, 왜 미국은 군대에 갈 필요가 없는데 군인들이 날이 갈수록 늘어 나서 매우 신기했습니다. 할아버지께서 보내주신 저 자료가 저의 궁금증을 풀어준 것 같습니다. 미국의 성 조기여 영원하라는 가사 안에 전쟁, 무기, 용맹 등 전 쟁 단어가 들어가 있지만 우리나라의 애국가는 정반 대로 보호, 만세 등 전쟁을 피하자는 내용이 담겨 있 다는 차이점이 있습니다. 감사합니다.

수현 한동안 우리나라 내에서도 모병제 도입에 대한 논란이 있었는데 미국이 모병제라니 놀라워요. 아마 미국에서 군인에 대한 존중은 애국심에 대한 일종의 보상 같네요.

척화파와 주화파에게 배우는 숙명의 길

할아버지 조선 임금 인조는 호란을 두 번씩이나 치러야 했던 억세게 운이 나쁜 임금이었다. 정묘호란[1627]과 병자호란[1636~1637]을 겪으면서 싸움 한 번 제대로 못 해보고 강화도로, 남한산성으로 도망 다니다 결국 남한산성에서 청나라 황제 앞 땅바닥에서 세 번 절하고 아홉 번 머리를 땅에 찧는 항복 의식을 감당해야 했다. 병자호란으로 힘없는 백성들이 떼죽음을 당해 임진왜란 이전 416만 명의 조선 인구가 152만 명으로 264만 명이나 줄어들었다. 게다가 30여 만 명이 청나라로 끌려갔다. 지금도 욕 말로 쓰이는 호로자식과 화냥년(환향녀還鄕女-포로로 잡혀갔다 고향에 돌아온 여자라는 뜻)이 이때 생긴 말이니 가슴 아린 비극이다.

병자호란은 우리 역사에서 말 ^{言} 의 전쟁이란 새로운 기록을 남기기도 했다. 척화파 김상헌과 주화파 최명길의 목숨을 건 논쟁은 너무나 유명하다. 당시 김상헌은 예조판서(오늘날 교육부 장관), 최명길은 이조판서(오늘날 행정안전부 장관)인데 김상헌은 청과의 결사 항전을, 최명길은 청과의 평화를 주장 즉, 싸움하지 말자고 했다. 화해를 배척하는 척화파 김상헌은 '죽는 것이 진정으로 사는 것이다. 오랑캐 발밑의 임금은 모실 수도 지켜볼 수도 없다. 오랑캐에 무릎꿇고 삶을 구걸하느니 차라리 사직을 위하여 죽는 것이 신의 뜻.'이라고 했다. 반면 전쟁 말고 평화롭게 대처하자는 주화파 최명길은 '전하는 만백성과 함께 죽음을 각오하지 말라며 오랑캐의 발밑을 기어서라도 백성들의 살길을 열어줘야 진짜로 신하와 백성들이 마음으로 따를 수 있는 임금'이라고 했다. 결국 인조는 주화파의 손을 들어줬고 삼전도 항복이라는 치욕의 길을 걸어갔다.

이 역사는 390여 년 전의 일이지만, 지금의 한반도 상황과 다른 점이 별로 없다. 지정학적으로 강대국 사이에 끼어 있는 한반도의 숙명이라 할 수 있다. 우리의 생존을 위해 일단 유사 시 이 논쟁은 다시 등장할 가능성이 많다. 이럴 경우 너희들은 어느 쪽에 설 것인가? 그것이 궁금하다.

태훈 인조는 조선에서 불쌍한 왕 중 한 명인 것 같습니다. 정묘호란, 병자호란 등 오랑캐들과 큰 전쟁을 치렀지만 늘 비극이었습니다. 그리고 땅바닥에 세 번 절하고 아홉 번 머리를 찧었습니다. 하지만 저였으면 그렇게 하지 않았습니다. 왜냐하면, 아무리 전쟁에서 지고 많은 백성이 포로로 끌려갔지만, 한 나라의 왕으로서 끝까지 책임져서 그들에게 복수하고 최대한 할 수 있는 일들을 할 것 같고 그렇지 못할 경우 죽더라도 끝까지 싸웠을 것 같습니다. 하지만 인조의 판단으로 조선이 계속 살아올 수 있었던 것 같습니다. 감사합니다.

수현 저는 항복할 것 같아요. 그게 국민을 위해서고 또 나라를 보존하기 위해서예요. 비겁할 수는 있지만 무고한 국민을 희생시키는 것보다 낫다고 생각해요. 그리고 답장이 너무 늦어서 죄송해요.

태준 저도 남한산성이라는 영화를 봐서 병자호란은 꽤 알고 있습니다. 거기서 인조 왕이 항복하고 절을 할 때 저는 너무 슬펐습니다. 만약 우리나라가 그때 힘이 있었다면 백성들과 우리나라를 지킬 수 있었겠죠.

거리두기의 기원에 대하여

할아버지 코로나19 감염을 막기 위해 비누로 손 씻기와 거리두기 그리고 마스크 쓰기가 거의 생활화 돼 가고 있다. 이와 함께 비누의 중요성 또한 어느 때보다 높아지고 있다. 아무런 생각 없이 하루에도 몇 번씩 사용하던 비누가 아닌가? 비누의 화려한 출세라고 해도 지나치지 않을 것 같다. 비누에 대해 한 번 알아 보자.

비누가 우리나라에 들어온 것은 구한말로 추정하나 실질적으로 한국인의 삶과 인연을 맺은 것은 일본인들이 공장을 세운 1910년대 이후다. 비누가 널리 보급되기 시작한 것은 삶의 질 개선을 위한 필수품으로 권장되면서 부터다. 1920년대 이후다. 우리나라 최초 비누는 1947년에 나온 무궁화 빨래 비누이다. 미용비누 1호는 1956

83

년 애경이 만든 미향이다. 지금에는 흔해 빠진 게 비누지만 당시에는 부의 상징으로 여길 만큼 귀물이었다. 비누의 세정(깨끗하게 씻음) 원리는 무엇인가? 물과 기름의 경계를 허무는 계면활성력이다. 계면활성은 다른 두 물질의 경계면에서 일어나는 화학반응을 뜻한다. 이 계면활성력이 특정 바이러스의 막을 녹여 생존을 무력화시킨다는 것이다. 여지껏 비누는 손과 몸을 깨끗이 씻기는 것으로만 알았다면 앞으로는 세균을 죽이는 훌륭한 살균제로 생각을 바꿔야 할 것 같다. 비누 만세다.

거리두기 원조도 찾아보자. 독일 철학자 쇼펜하우어 Arthur Schopenhauer, 1788~1860이다. 그가 저서에서 인용한 고슴도치 우화에서 찾아볼 수 있다.

추운 겨울날 고슴도치들이 추위를 녹이기 위해 몸을 밀착했지만, 곧 떨어질 수밖에 없었다. 가시에 찔리기 때문이다. 그러나 추우니 다시 붙는다. 이렇게 붙었다, 떨어졌다를 반복한다. 여기에서 쇼펜하우어는 거리두기에 예의가 필요함을 깨닫는다. 예의로 인해 서로의 온기에 만족하게 되고 가시에 찔릴 일도 없게 된다는 것이다.

고슴도치 우화를 읽은 오스트리아 정신분석학자 프로이드 Sigmund Freud, 1856~1939는 '고슴도치 딜레마'란 이론을 만들어 내기도 했다.

수현 요즘 코로나19로 인해 손 소독제와 더불어 인기가 상
승하는 비누가 저는 매우 흔한줄 알았는데 옛날에는
매우 귀하고 어떨 때는 천했다는 것이 신기하네요.

태준 요즘 시국에는 어딜 가지 못하죠. 학교도 많이 못 가
고 놀러 가지도 못하고 아주 지루합니다. 하지만 어쩔
수 없습니다. 그렇게 나가면 코로나19에 걸릴 수도 있
습니다. 코로나19에 걸리면 학교도 아예 못 가고 밖에
나가지를 못합니다. 그렇기에 나갔다 들어오면 손은
무조건 비누로 씻어야 합니다.

태훈 요즘 코로나19로 인해 전에는 가끔 하던 비누칠 손 씻
기가 일상화 되었습니다. 심지어 비누칠을 하지 않으
면 엄마께서 뭐라 하시고 저는 손을 씻지 않을 경우
조금 찝찝하기도 합니다. 그래서 비누의 역사가 매우
신기했습니다. 일본인들이 공장을 세운 뒤 보급되었던
것과 초창기 비누는 부의 상징인 것도 알게 되었습니
다. 한번도 생각하려고 하지 않았고 궁금해하지 않았
던 사실을 알게 되었습니다. 감사합니다.

유린청游麟青의 덕을 칭송하다

할아버지　말馬은 우리 역사에서 아주 중요한 위치를 차지한다. 전쟁의 승패는 물론 나라의 강약까지 말에 달렸다고 여길 정도였으니까. 특히 조선 시대 왕들의 말 사랑은 대단한 수준이었다. 앞으로 왕이 될 세자교육에도 말타기는 필수과목이었다. 세자교육에서 예절, 음악, 활쏘기, 말타기, 글쓰기, 수학 등 육예六藝를 가르친다. 조선 시대 임금이 타던 말을 어승마御乘馬 어마御馬라고 했고, 왕의 말과 수레를 관리하기 위해 내사복시內司僕寺란 관청을 따로 설치하고 10필 정도의 어승마를 두었다고 한다. 조선 역대 임금 중 태조 이성계의 말 사랑이 단연 으뜸인 것으로 전해지고 있다. 말과 함께 수많은 전장을 누볐으니 그럴 만도 하겠다.

이성계에겐 팔준마가 있었는데 그중에 제일 아끼던 말이 유린청游麟靑이라고 한다. 홍건적과 전투 중 화살을 세 번 맞고도 죽지 않고 31살까지 살았던 말이다. 수명을 다하여 말이 죽자 애통한 나머지 돌로 만든 관에 시신을 장사 지낼 정도였다. 단종의 복위를 위해 목숨 바친 사육신 중 한 명인 성삼문이 이 말을 기려 시 한수를 남겼다.

四蹄艱頑邦以寧 사북간완방이녕
三十一祀耀厥靈 삼십일사요궐령
死有石槽留雄名 사유석조류웅명
游麟靑德焉稱 유린청덕언칭

사방의 오랑캐를 제압해 나라가 편안하니
31년 내내 그 신령한 기운이 빛나도다
죽어서 돌로 만든 관 속에서 웅대한 이름을 전하니
유린청의 덕을 어찌 칭송하지 않겠는가?

이성계에겐 유린청 말고도 1380년 황산대첩 때 왜구 장수 아기발도阿其拔都를 죽일 때 탔던 사자황과 1388년 위화도 회군 때 탔다는 응상백이 유명하다. 폭군으로 알려진 조선 10대 왕 연산군은 말을 난폭하게 몰아 좌우시종들이 쫓아갈 수 없을 정도여서 말을 살살 몰라고 대신들이 충고했지만 듣지 않았다고 한다. 또 14대 선조 왕은 임진왜란이 한창이던 중 궁중에서 애완동물처럼 말을 길러 신하들의 항의를 받기도 했다. 세종 때는 말고기 식용을 막기 위해 말 도축을 금지했다. 그런데 제주 목사가 말고기 말린 건마육을 가지고 조정 중신들에게 뇌물로 바친 사건이 터져 이를 벌하려 했으나 영의정 황희를 비롯해 4군과 6진을 개척한 김종서, 훗날 영의정으로 단종을 보필한 황보인 등 평소 부정부패와 거리가 먼 조정 중신들이 연루돼 세종은 국정마비 등의 상황을 고려해 엄중한 경고로 처리하고 말았다. 그 옛날 말고기 맛은 세상이 다 아는 별미였던 모양이다. 청렴결백한 이들조차 입맛을 다시는 것 보니 말이다.

수현 우리 조상이 말을 죽여서 만든 말고기라니 맛이 궁금하면서도 이용당하기만 하는 말이 불쌍하네요.

태준 요즘은 말을 타고 다니지 않죠. 왜냐하면 자동차가 발달해서입니다. 만약 자동차가 없었다면 아직도 말을 타고 다녔겠죠. 저는 이성계가 말을 위해 돌로 만든 관에 시신을 장사 지낸 줄 전혀 몰랐습니다. 옛날에는 동물을 귀하게 여기지 않았기 때문이죠.

핀란드 행복의 원천은 감사하는 일상

할아버지 강물은 흘러도 흘러도 바다를 넘지 못하고, 달은 져도 져도 하늘을 벗어나지 못한다. 이렇듯 자연과 우주에 한계가 있듯이 인간의 삶도 이 원리를 벗어나지 못한다. 불로장생^{不老長生}(늙지 않고 오래 사는 것) 못하는 게 다 그 때문이다. 한정된 인생이니 더욱 행복하게 살아야 함을 절감하게 되는구나. 너희들 세계에서 가장 행복 지수가 높은 나라가 어디인지 아니? 핀란드라고? 맞다. 어둡고 긴 겨울 음울함을 자아내는 짙은 상록수림, 대지를 덮고 있는 얼음과 눈, 게다가 음식이라야 청어와 감자, 계피, 빵 등 먹거리도, 자연환경도, 별로 내세울 것이 없는 나라다. 그런 그들에게 행복의 원천은 무엇일까? 많이 궁금할 거다. 차근차근 풀어

보자.

첫째, 핀란드 사람들은 매일 감사거리를 찾아 생활 속에서 실천한다.

최소한의 목표를 세워 이뤄나간다. '실패 가능성이 없으면, 성공 가능성도 없다.'라는 핀란드 격언에서 보듯 실패를 두려워하지 않는 것이 일상화돼 있는 것도 한몫하고 있다.

둘째, 아침에 뜨거운 물 한 잔 마시고 산책을 한다. 잠깐이라도 바깥에 나갔다 들어오면 찬 얼음물에 30초 동안 얼굴을 담근다.

셋째, 매일 감사대상 목록을 작성한다. 기분 좋은 작은 것들을 떠올린다. 천천히 호흡하면서 마음을 비운다. 자신의 의지와 힘으로 해결할 수 있는 것만 걱정한다.

넷째, 기쁨과 즐거움을 주는 작은 것들에 몰입한다. 친구와의 전화 한 통, 등교하는 아이들의 모습과 재잘거림, 좋아하는 음식, 고양이 쓰다듬기 등 소소한 일상에서 즐거움을 찾는 데 익숙해져 있다.

다섯째, 집 주변이나 오고 가는 길에서 쉽게 볼 수 있는 동식물들에서도 의미와 감정을 부여해 기쁨을 찾는다. 이룰 수 없는 것을 두고 징징거리거나 한탄하지 않고 삶의 현장의 작은 것에서 행복을 찾는 것은 그렇게 쉬운 일이 아니다. 아무나 따라 할 수 있는 일이 아니고 민족성이 그렇게 타고나야 한다고 본다.

너희들의 행복관은 무엇이냐? 어떤 일들이 너희들을 행복하게 만드느냐? 말해 보거라.

불꽃은 타오를 때 불꽃이 되고, 종은 울릴 때 종이 된다. 활활 타올라라, 쾅쾅 울려라.

수현 핀란드 사람들의 행복의 원천을 보니 우리나라 사람들은 행복의 의미를 너무 거창하게 생각하고 있다는 느낌이 드네요. 그리고 행복은 결코 멀리 있지 않다는 말이 와닿는 것 같아요.

태준 우리나라도 핀란드의 이런 문화를 받아들여야 합니다. 우리나라 사람들은 매일 감사하기는커녕 싸우기만 하죠. 그리고 아침에는 귀찮다고 아무것도 안 하고 누워 있죠. 그리고 씻는 것도 귀찮아하는 사람도 있습니다. 그리고 주변 동·식물에게 막 대하죠. 말을 못 하는 생물이라고 개와 고양이한테는 돌을 던지고 개미 같은 작은 곤충들은 모두 밟아 죽여 버리죠. 그리고 식물들은 재미 삼아 다 뽑아버리죠. 많은 사람이 제가 말한 여기에 포함되어 있을 것입니다. 하지만 잘못을 뉘우치고 거의 다 그 짓을 안 하게 됩니다. 근데 모든 사람이 그렇게 산다면 이 세상에는 범죄자가 없겠죠. 하지만 이 세상에는 범죄자가 있습니다. 많이 안 지키겠다는 거겠죠. 저는 최대한 이것들을 지킬 것입니다.

태훈 핀란드의 행복지수가 세계에서 가장 높다는 것은 알고 있었습니다. 그들의 행복 원천은 모르고 있었습니다. 핀란드는 한국과는 너무 다른 나라인 것 같습니다. 왜냐하면, 한국의 학생들은 행복할 틈 없이 반복되는 일상에 늘 지쳐가고 있습니다. 반면, 핀란드는 늘 감사하고 감사 대상을 목록에 작성하고 소소한 행복으로 큰 행복을 느끼는 것이 제가 생각하기엔 한국과 너무 다른 것 같습니다. 그리고 우린 실패를 두려워합니다. 실패를 두려워하지 말라는 말이 있어도 우린 실패를 통해 좌절하고 불행을 느낍니다. 하지만 핀란드 사람들은 실패를 두려워하지 않는 것 같습니다. 예를 들어 핀란드의 격언 중 '최소한의 목표를 세워 이뤄 나간다. 실패 가능성이 없으면 성공 가능성도 없다.'처럼 이들은 실패를 두려워하지 않는 것이 일상화되었습니다.

포기하지 않는 삶

할아버지 '인간은 패배하도록 만들어진 것이 아니다.'

어니스트 헤밍웨이^{Ernest Miller Hemingway, 1899~1961}의 소설
『노인과 바다』 주제문이다. 84일간 허탕만 쳤던 어부
노인이 이틀 밤낮 사투 끝에 조각배보다 큰 청새치를
낚지만, 도중에 상어 떼 공격을 받아 결국 뼈다귀뿐인
청새치를 뱃전에 매달고 돌아오고 만다. 노인에겐 아
무 소득없는 헛수고 실패작이었지만, 사람들에겐 '인
간이 어떤 시련에도 맞서 포기하지 않고 싸운다면 설
사 목숨을 잃어 죽을지언정 패배하는 건 결코 아니라
는 것'을 일깨워 주고 있다. 어부 노인이 자기 배 만한
청새치와 싸우는 동안 얼마나 두려웠을까? 그러나 두
려움에 무릎 꿇는 순간 희망의 불꽃은 꺼진다는 사실

을 알고 있기에 스스로 꺼트림의 주체가 되지 않으려고 얼마나 안간힘을 썼을까? 노인의 위대함은 바로 그 점이라 할 수 있겠다.

하늘에 구멍이 났나 싶을 만큼 큰비가 연일 쏟아지고 여기저기서 수해로 인명과 재산피해가 속출하고 있다. BC 2,000여 년 전 중국엔 태평성대로 칭송받는 요순시대가 있었다. 그러나 이 시대에도 황하 범람으로 인한 수해 즉, 치수 문제는 어쩔 수가 없었다. 이를 고민하던 요임금은 치수 전문가 '곤'을 등용해 9년 동안 둑을 쌓고 물길을 가로막았지만, 번번이 실패해 결국에는 책임을 물어 두 다리가 잘리는 형벌을 받고 물러났다. 요 임금에 이어 왕권을 물려받은 순임금은 황하의 범람을 해결키 위해 '곤'의 아들 '우'에게 이를 맡겼다. '우'는 아버지 '곤'의 실패 원인을 찾아내 둑을 쌓고 물길을 막아주던 것을 반대로 물길을 뚫어주고 강물이 바다로 자연스럽게 흘러 들어가도록 해 태평성대 옥의 티를 빼냈다. 치수 문제를 해결한 '우'는 순임금에 이어 임금 자리에 올랐다. '우'의 성공에는 아버지 '곤'의 실패가 뒷받침목이었다. '실패는 성공의 어머니다.'란 말 그대로 되었다. 살면서 어떠한 난관이 닥친다 해도 스스로 희망의 등불을 꺼트리는 나약한 자가 되지 말아야겠다.

수현 저는 『노인과 바다』를 읽으면서 노인이 포기하지 않는 것이 대단하다고만 생각했지, 정작 그 이유를 생각해 본 적이 없는 것 같아요. 그런데 할아버지 말씀을 들으니 왜 노인이 포기하지 않았는지 알 수 있을 것 같아요. 그리고 '두려움에 무릎 꿇는 순간 희망의 불꽃은 꺼진다.'라는 말을 들으니 '마음속의 가장 큰 적은 두려움'이라는 말이 떠오르네요. 그리고 '우'의 성공은 아버지의 방법을 연구한 뒤 실패의 원인을 알고 다른 방법을 사용했기에 가능한 것이죠. 그렇기에 저는 세상에 실패는 없고 경험이라고 생각해요. 그래도 가장 중요한 것은 할아버지 말씀대로 스스로 희망의 불꽃을 꺼뜨리는 자가 되지 않아야 될 것 같아요.

태훈 요즘 장마로 인해 강이 범람하고 그로 인해 사람, 동물, 농작물이 큰 피해를 보았습니다. 이런 자연재해를 인간이 못 이기는 것은 맞지만 우린 극복해야 하고 이 상황을 포기하지 말아야 합니다. 범람한 강이 실패라면 성공은 우리가 만들어 나갈 것입니다. 감사합니다.

태준 저도 이 소설을 읽은 적이 있습니다. 보면서도 정말 대단하다고 생각했습니다. 이 책에 나온 것처럼 하나를 시작하면 안 되더라도 끝까지 노력해서 포기를 하지 말아야 합니다. 그리고 여기서 나온 황하 범람 이야기에서 아버지의 실패를 그의 아들이 다시 한번 더 해서 성공을 했죠. 이런 걸 보면 정말 포기를 하지 말아야겠다는 생각이 듭니다. 저는 그래서 어떤 큰 시련이 와도 포기하지 않고 헤쳐 나갈 것입니다.

인간 세상의 3가지 싸움

할아버지   '너 자신만의 모습을 찾아라. 다른 사람도 할 수 있는 것이라면 하지 마라. 너만 할 수 있는 말을 하고, 글도 써라. 모든 존재 중에서 결코 대신 할 수 없는 너라는 존재를 스스로 창조하라.'

1947년 78세 나이로 노벨 문학상을 받은 프랑스 작가 앙드레 지드^{André-Paul-Guillaume Gide, 1869~1951}의 말이다.

인간 세상에는 세 가지 싸움이 있다.

첫째는 자연과 인간과의 싸움, 둘째는 인간과 인간의 싸움, 셋째는 인간 자신과의 싸움이 바로 그것이다. 그런데 이 중에서 어떤 싸움이 가장 어려운 싸움일까? 고대 그리스의 철학자 플라톤^{Plato, BC 427~347}이 인간의 최대 승리는 내가 나를 이기는 것이라고 했듯이 자신과의 싸움이 가장 어려운 싸움이다.

세상에서 성서 다음으로 많이 읽히는 소설 『레미제라블』에서 빅토르 위고^{Victor-Marie Hugo, 1802~1885}는 장발장이란 주인공을 통해 악과 선의 치열한 싸움을 그렸다. 결국 장발장은 악한 자신과의 전투에서 승리해 착한 사람으로 거듭나게 된다.

태훈 자신과의 싸움에서 이기기는 어려울 것 같습니다. 왜냐하면, 인간의 최대 승리는 내가 나를 이기는 것이기 때문입니다. 내가 나를 이기는 것은 내면의 나와 외면의 나가 싸우는 것 같다고 저는 생각합니다. 그리고 앙드레 지드의 말처럼 나 자신만의 모습을 찾아서 내가 잘할 수 있는 일, 내가 하고 싶은 일, 내가 원하는 것을 얻고 나라는 존재를 스스로 창조할 것입니다. 감사합니다.

태준 저는 세 가지 싸움 중에서 자연과 싸움이 가장 어려운 싸움이라고 생각합니다. 하지만 자신과의 싸움도 만만치 않죠. 하지만 그걸 이겨내면 자기 자신은 한층 더 강해지죠. 그리고 장마가 계속되었는데 큰 피해도 보았지만 다들 노력해서 나아가면 장마도 이길 수 있을 것입니다.

사람이 가야 할 길

할아버지 정의(올바른 도리)가 그립다. 사람이 행하여야 할 옳은 길이 이 땅에서 자취를 감춘 지가 오래다. 마이클 샌델 Michael J. Sandel, 1953~은 저서 『정의란 무엇인가』에서 최대 다수의 최대 행복을 추구하는 것, 또 선택의 자유를 존중하는 것, 마지막으로 미덕을 키우고 공동선을 고민하는 것으로 소개하고 있다. 모두 옳은 말이다.

공자는 2,500년 전 믿음을 강조했다. 나라에는 먹는 것과 나라 지키기 그리고 국가와 국민 간 국민과 국민 간의 믿음이 있어야 하는데 그중에서도 신뢰 즉 믿음이 으뜸이라고 했다. 공자는 국가가 지향할 정의로 믿음을 제일로 들었다.

2002년 8월 서울에서 열린 세계생태학대회에서 기조

강연자로 나선 소설가 박경리는 자연을 대하는 인간의 태도에 대해 '원금은 건드리지 말고 이자만 갖고 살아야 한다.'고 해 참석자들의 기립 박수를 받았다고 한다. 자연과 인간 사이의 정의를 아주 쉽고 간단하게 말했기 때문이다. 열매만 주는대로 받아먹지 더 이상 욕심 부리지 말라는 뜻이다. 이상을 종합 분석해 보면 정의에는 사랑과 믿음이 필수적으로 녹아 있음을 발견하게 된다. 옳을 의義의 원 의미는 유인득의由仁得宜로 사랑을 통하여 의로움을 얻는다는 것이다. 다시 말하면 정의의 바탕은 사랑이라는 것이다. 사랑이 깃들면 자연 신뢰와 믿음도 생기게 마련이다.

조선 시대 김처선과 박태보 두 사람을 가리켜 목숨까지 아까워하지 않고 의롭게 마지막을 맞이한 사람들이라고 한다.

김처선[1421~1505]은 연산군 때 환관으로 직언하다 목숨을 잃어버렸다. 1505년 4월 1일 연산군 일기에 보면 김처선이 이렇게 말한다. "임금 네 분을 섬겼지만, 전하처럼 행동하는 임금은 없었다." 연산군은 이 말이 떨어지기 전에 활을 쏴 넘어뜨리고 다리를 잘라 버리고 일어나라고 명한다. 김처선은 "상감은 다리가 없어도 걷소이까?" 하자 그 혀를 잘라 버리고 배를 갈라 버렸는데 김처선은 죽기까지 직언을 그치지 않았다고 한다.

박태보^{1654~1689}는 숙종 때 예조 이조 좌랑과 호남 암행어사를 지낸 젊은 관료였다. 숙종이 왕비 민씨로부터 8년이 지나도록 아이를 얻지 못하던 차에 후궁 장씨가 아들을 낳자 석달된 이윤을 세자로 세우고 장 씨는 희빈으로 삼고자 했다. 당시 집권 세력인 노론은 왕후 민 씨를 지지해 숙종은 야당인 남인을 등에 업고 이를 강행하려 했다. 이에 서인 계열 86명이 연명으로 반대 상소를 올렸는데 박태보가 대표 집필했다. 비가 억수같이 쏟아지는 한밤중에 숙종의 잔인한 친국(국왕이 직접 심문하는 것)이 진행되는 가운데 박태보는 말했다. "비록 못났으나 대의가 뭔지는 압니다. 우리가 무슨 모함(없는 사실을 꾸며 남을 못된 구렁에 빠트림)을 했나이까? 어찌하여 이런 망국적인 일을 하십니까?" 26번의 참혹한 고문으로 온몸이 다 망가졌지만, 박태보는 얼굴을 바로 잡고 안색을 바꾸지 않았다. 임금의 노여움이 격해질수록 박태보의 응대는 화평스럽고 의연했다고 실록 사관은 적고 있다. 중신들의 만류로 죽음은 면했으나 유배 가는 첫날 밤 고문 후유증으로 죽고 만다. 35세의 젊은 나이로 말이다.

이 같은 절의는 어디서 나왔을까? 임금이 잘 되기를

바라는 마음에서라면 바로 그것이 사랑이니 의로운 처신이 분명하다 할 것이다. 너희들도 정의에 대해 나름대로 생각해 보거라.

수현 죽으면서까지 직언을 멈추지 않은 김처선을 보면 아마도 김처선은 연산군을 진심으로 사랑하여 죽으면서까지 충언을 했던 것 같아요. 박태보 역시 숙종을 진심으로 사랑하고 걱정하여 그러한 충언을 한 것 같아요. 저도 김처선과 박태보의 정의로운 마음을 본받고 실천해야겠어요.

태준 믿음은 중요합니다. 가족들과의 믿음이 있어야 하고 친구들과도 믿음이 있어야 합니다. 그래야 나중에 곤란한 일이 있어도 같이 해결할 수 있기 때문입니다. 저도 김처선이라는 사람을 책에서 보았습니다. 대단한 충신이었죠. 이 사람은 진짜 대단합니다. 연산군 시절에 충언하고 연산군에게 비참하게 죽임을 당했죠. 김처선이 연산군 시절에 태어나지 않고 세종 때 태어났으면 아주 대단한 시대였을 것입니다.

지방소멸

할아버지 너희들 지방소멸이란 말 들어봤는지 모르겠구나. 인구가 늘기는커녕 자꾸 줄어 드는데다 서울을 비롯한 수도권과 대도시로 인구가 쏠리니 지방은 자연 문을 닫을 수밖에 없다는 것이 지방소멸론의 골자요 배경이다. 학생이 없으니 학교가, 면민이 없으니 면사무소가 문을 닫다 보면 나중에는 서비스 받을 군민이 없으니 연쇄적으로 군청도 없어지게 된다는 것이다. 최근에 수도를 옮기자는 천도론이 나오는 이유란다.

서울지향 세력의 대표적 인물로 너희도 익히 아는 다산 정약용을 꼽을 수 있다.

'벼슬 길에 나갔을 때는 빨리 높직한 산 언덕에 셋 집을 내어 살고, 벼슬에서 떨어지면 빨리 서울에 의탁해 살 자리를 정하여라. 내 뒷날 계획은 오직 서울 십 리 안에서 거처하는 것이다. 만일 가세가 쇠락해 도성으로 깊이 들어가 살 수 없다면 모름지기 잠시 근교에 머무르며 과수를 심고 채소를 가꾸어 생계를 유지하다가 재산이 넉넉해 지기를 기다려 도시의 중앙으로 들어가더라도 늦지는 않을 것이다.'

출세를 위해선 무조건 서울을 떠나지 말라는 충고다. 정약용이 두 아들에게 보낸 편지 내용이다. 우리 속담에도 조선 시대 민중들의 로망인 서울바라기가 그대로 녹아 있음을 발견한다. '아들 낳으면 서울로 보내고 말은 제주도 보낸다.' '모로 가도 서울만 가면 된다.'

수현 원래는 계룡이 수도가 될 수 있었지만, 일부 신하의 반대로 서울이 수도가 되었어요. 만약 계룡이 수도가 되었다면 "말은 제주도로 보내고 사람은 계룡으로 보낸다."로 바뀌었을 지 궁금하네요. 그리고 수도를 바꾸자고 하는 것은 지방소멸과 별로 상관이 없다고 생각해요. 만약 세종을 수도로 삼는다고 가정하면 경기도권에서 무리하게 일삼던 개발이 충청남도로 옮겨지

겠고 각종 아파트 단지며 문화시설 건축 등으로 신도시가 되고 그 결과 좋은 환경에서 살고 싶은 사람들은 다 모일테고 충청남도는 제2의 경기도가, 경기도는 제2의 충청남도가 되어 겉으로 보기에는 균형 있어 보이지만, 사실은 전과 다를 게 없다고 생각해요. 그러니까 지방소멸을 없애기 위해서는 인구 분산을 위해 지방에 신도시 건설, 아파트 단지 조성, 문화시설 조성 등 다양한 혜택을 베풀어 인구를 분산시키는 것이 옳다고 생각해요.

태준 옛날부터 서울은 수도였습니다. 왜냐하면 한강이 있어 땅이 비옥했기 때문입니다. 그래서 삼국 시대부터 세 나라들은 한강을 가지려 했죠. 사람들은 다 자기가 잘되기 위해서 서울에 가죠. 요즘에도 사람들은 돈을 벌기 위해 서울과 수도권으로 가죠. 그래서 젊은 사람들은 수도권으로 가서 시골 마을에는 학교가 사라지고 병원이 사라지는 것이죠.

태훈 지방소멸. 진짜 위험한 것 같습니다. 젊은 사람들은 서울로 가서 일자리를 찾고 도시에서 아이들을 낳아 그 아이들 또한 그곳에서 자라 아이를 낳을 것입니다.

요즘 점점 지방소멸이 심각해지고 있습니다. 작년보다 더 많은 도시가 지방소멸 위험지역으로 선정되었습니다. 그 예로 충북 제천, 경기도 여주 등이 있습니다. 물론 건강에 문제가 있거나 힘든 일을 겪은 사람들은 시골이나 사람이 드문 지역에 정착합니다. 하지만 그 사람들로는 지방소멸 위험지역이 다시 다른 도시들처럼 될 순 없습니다. 이 원인은 수도권을 중심으로 발전한 지역들로 많은 인구가 이동하여 더욱 발전시켜 인구 분포를 늘렸기 때문입니다. 학생이 없으면 학교도 유지하기 힘들고 면사무소가 없으니 서비스 받을 군민이 사라지는 것은 당연합니다. 학생들은 더 많이 배우기 위해 수도권으로 가기 때문입니다. 이번 글이 시골이 수도권만큼 발전할 수 있을까? 그리고 시골이 발전하지 못하는 이유를 궁금하게 하는 것 같습니다. 좋은 글 써주셔서 감사합니다.

학동의 쉬는 시간 ❷

할아버지 부담없이 재미로 읽을 수 있는 글을 쓰려고 한다. 아리스토텔레스$^{BC\ 384~322}$는 고대 그리스의 위대한 학자로 많은 명언을 남긴 것으로 유명하다. 우리가 지금도 자주 사용하는 '시작이 반이다.' '인간은 사회적 동물이다.' '인내는 쓰지만, 열매는 달다.' 등은 모두 그가 한 말이다. 플라톤의 제자이고 알렉산더 대왕의 스승이기도 한 그가 자기 대머리 치료 때문에 염소 오줌을 머리에 문질렀다고 하니 대학자도, 현자도 병 앞에는 별수 없구나라고 생각해 본다.

14세기 유럽을 강타해 3,500만여 명을 희생시킨 흑사병은 몸 곳곳에 검은 종기가 부어오르고 피부가 까매지는 전염병이다. 17세기까지 유럽을 괴롭힌 이 병도

시작은 전쟁터에서였다.

1347년 몽골의 킵차크칸국[1240~1502]이 크림반도의 제노바 교역소를 포위하고 공격할 때 페스트(흑사병)로 죽은 시체를 투석기에 매달아 성안으로 던져 넣은 것이 유럽으로 확산된 것이다.

수현 몽골이 유럽을 점령하기 위해서 아무 생각 없이 던진 시체가 흑사병을 일으켰다니 무심코 던진 돌에 개구리 맞아 죽는다는 속담이 떠오르네요.

태훈 아리스토텔레스가 대머리 치료를 위해 염소 오줌을 머리에 바른 것이 계속 기억납니다. 아무리 천재도 다른 사람과 다를 것 없다는 생각이 들었습니다. 그리고 제일 이해가 안 되는 부분은 페스트 때문에 씻지를 않았다니. 전 정말 이해를 못 하겠습니다. 왜냐하면, 지금처럼 코로나19를 예방하기 위해선 손 씻기를 자주 하라 했는데 그 당시엔 페스트를 막기 위해 씻지 않기가 유행했다는 것입니다. 제가 몰랐던 사실을 알려주셔서 감사합니다.

이번에 시험 공부하느라 답장이 늦었습니다. 죄송합니다.

태준 옛날에도 전염병은 위험했네요. 그리고 옛날에는 의학 기술이 제대로 발전도 안 되어있어서 지금보다 훨씬 더 아프고 힘이 들었겠죠. 하지만 우리의 조상들은 힘을 합쳐서 그 전염병을 이겨냈죠. 그러니까 우리나라도 더 힘을 내서 코로나19 약을 만들어야 합니다. 그래야 아픈 환자들이 아프지 않을 수 있기 때문입니다.

Part.3

가을의 학당

천고마비^{天高馬肥}의 숨겨진 슬픔

할아버지 단풍이 고운 가을이구나. 우리 집 뒤란 밤나무도 카로
티노이드 색소의 영향을 받아 노래지는 잎들이 생기
며 조금씩 떨어지기 시작했다. 할아버지에게도 낙엽
쓰는 일이 시작되었다. 이 일을 하면서 나는 낙엽의
숭고한 죽음을 알게 됐고 그로 인해 낙엽을 가을의 시
신이라고 부른단다. 물론 아무렇게 취급 하지 않고 소
중히 다루게 됐지. 날이 추워지면 추위로 인해 더 큰
피해를 막기 위해 스스로 안토시아닌 색소나 카로티노
이드 색소를 합성하거나 드러나게 하는데 이때 이파
리에 만들어 둔 당분을 에너지 저장기관인 줄기나 뿌
리로 옮겨놓고 장렬히 죽음을 맞이한다. 가족을 위해!
이파리만 아니라 꽃도 마찬가지로 열매를 맺기 위해

때 되면 스스로 떨어진다. 자신을 바쳐 가족을 지키는 참다운 헌신과 나눔을 우리에게 보여준다. 이 가을 우리는 낙엽을 통해 깊은 사색과 깨달음을 갖도록 하자.

태준   아~ 이제 가을입니다. 가을은 독서의 계절입니다. 독서의 계절인 만큼 책을 많이 읽어 지식이 풍부하게 돼서 나뭇잎의 희생이 누가 되지 않도록 하겠습니다.

할아버지 이 말은 봄, 여름, 겨울에는 안 쓰고 가을에만 사용한다. 가을을 상징하는 말로는 이 이상 좋은 말이 없지. 무엇일까? 하늘은 높아 푸르고 말은 살찌는 계절이란 의미의 천고마비^{天高馬肥}가 바로 그 말이다. 그런데 이토록 좋고 사랑받는 이 말이 중국 북쪽 변방민들의 공포와 증오에서 태어났다면 얼마나 모순된 일인가. 중국 은나라 때부터 나타나기 시작한 흉노족은 거의 2,000년 동안 가을만 되면 중국 북방 일대를 휘저으며 약탈을 자행해 변방민들을 두려움에 떨게 했다. 진시황이 만리장성을 쌓은 것도 다 이 때문이었으나 허사였다. 흉노족은 척박한 초원에서 수렵과 유목으로 살았으나 겨울나기가 문제였다. 말을 타고 국경을 넘어가 농경지대인 중국변방을 약탈하고는 바람처럼 달아난다. 천고마비가 지금은 가을의 낭만을 대표하는 말로 둔갑 됐지만 피 약탈자의 한숨, 슬픔 그리고 두려움이 서려 있음도 잊지 말아야 할 것이다.

태준 전 가을에만 사용하는 단어는 세상이 바뀌는 계절인 것 같습니다. 그 뜻은 자연의 색도 바뀌고 동물들의 생활도 바뀌고 인간의 생활도 바뀐다는 것입니다. 중국 진시황은 만리장성을 쌓았지만 저는 백십만 장성을 가을이 올 때마다 하나씩 하나씩 쌓을 것입니다. 그럼 저의 마음은 더욱 단단해질 테고 몸도 단단해질 것입니다.

비움의 미학

할아버지 추수 끝나 텅 빈 가을 들판 길을 거닐면서 사색에 잠겨 본다. 얘들아. 조선왕조에서 제일로 손꼽히는 성군이 누구라 생각하니? 덕이 아주 뛰어난 어진 임금을 가리켜 성군이라 하는데 그분이 누구냐는 거지. 한글을 만드신 세종대왕님이라고? 그래 맞다. 세종대왕을 성군이라는 데에 이의를 달 사람은 아무도 없을 거야. 그러면 왜 세종을 성군이라고 할까? 한글을 만들고 과학기술을 발전시켜서? 물론 훌륭한 업적이지. 그런데 그보다 더 위대한 것은 독단으로 나라를 다스리지 않고 항상 중론을 모아 처리했다는 점이지. 어떤 안건을 결정할 때는 대신들의 중론을 모으기 위해 합의에 이를 때까지 끝장토론도 마다하지 않았다. 또 백성들의 이해와 직결되는 조세제도 결정에서는 시안을 만든 뒤 전·현직 관료를 비롯하여 시골 촌부 등 전국 17만 명을 대상으로 가부를 묻는 여론조사를 실시하기도 했다.

태준 세종대왕님이 대단하신 줄 알았지만 중론을 모아 처리했다는 것은 처음 알았습니다. 우리나라 국회의원도 할아버지가 말씀하신 것처럼 세종대왕의 훌륭한 점을 본받았으면 좋겠습니다.

할아버지 성군을 들라 하면 사도세자의 아들 정조대왕도 빼놓을 수 없지. 그런데 세종과 정조는 색깔이 달라. 정조는 자신을 '만천명월 주인옹萬川明月 主人翁'이라 불렀는데 뜻은 온 냇가를 비추는 밝은 달 같은 존재 즉 초월적 슈퍼맨이라는 것. 반면, 세종은 언제나 자신을 무능한 임금이라고 자책하고 후회만 하다 죽었다고 한다. 두 분이 참 대조적이지. 백성들이 누구를 더 좋아했을까? 초월적 슈퍼맨일까?

태준 전 성군은 세종이라고 생각합니다. 정조도 대단하긴 하지만 세종대왕은 나라도 잘 지키고 발전시켰기 때문입니다. 그리고 세종대왕은 백성들이 풍부하게 살라고 『농사직설農事直說』까지 직접 발 벗고 나서 만들었기 때문입니다. 그때는 배고픈 걸 채우는 게 짱이기 때문에 농사직설을 봐서 배고픔을 채웠기 때문에 백성들도 세종을 더 좋아했을 것입니다.

할아버지 추수 끝난 텅 빈 들판에서 나는 비움을 본다. 죽음을 본다. 사랑을 본다. 이별을 본다. 반면, 채움, 생명 만남을 본다. 텅 빈 들판은 절대성에 붙잡혀 사는 인간에게 상대성을 가르쳐 주는 선생님이다. 너희들은 텅 빈 들판에서 무엇을 보느냐.

태준 저는 텅 빈 들판에서 미래를 봅니다. 왜냐하면 추수가 끝난 들판에서 다음에 심을 곡물을 보기 때문입니다.

가을이 거기에 있었습니다

가을이 거기에 있었습니다

숲길을 지나
곱게 물든 단풍잎들 속에
우리들이 미처 나누지 못한
사랑 이야기가 있었습니다.
푸른 하늘 아래
마음껏 탄성을 질러도 좋을
우리들을 어디론가 떠나고 싶게 하는
설렘이 있었습니다.
가을이 거기에 있었습니다.

할아버지   시인 용혜원의 「가을 이야기」 중 일부분이다. 코로나 19로 깊어 가는 근심에 이런 작은 소망조차 품을 수 없는 가을의 문 앞이다. 그래도 이 또한 다 지나갈 터이니 너무 슬퍼하거나 낙망에 빠지진 말자.

멋을 알고 낭만을 즐기는 청풍명월

할아버지 가을 싸나이 박수현, 만인이 우러러보는 청명한 가을
하늘이거라. 풍성한 결실 가을 햇살이거라. 청풍명월
가을바람이거라.

수현 네. 알겠습니다. 감사합니다.

할아버지 청명한 가을 하늘, 가을 햇살, 가을바람. 이 세 가지
어구가 무엇을 의미하는지 말해 보거라.

수현 청명한 가을 하늘- 맑고 높은 하늘처럼 높은 꿈을 키우
는 사람.
가을 햇살- 농작물이 익어 수확할 때 그리고 말릴 때

꼭 필요한 햇살처럼 꼭 필요한 사람.

가을바람- 더운 여름을 지나며 지쳐있는 우리에게 시원한 바람은 휴식 같은 것. 편안함을 주는 휴식 같은 사람.

할아버지 바로 뜻을 잘 풀었다. 좀 덧붙인다면 가을 햇살은 무엇을 하건 열매를 잘 맺고 타인의 열매 맺기도 잘 도와주는 사람을 상징화한 것이고, 청풍명월 가을바람은 멋을 알고 낭만을 알아 유유자적하며 이 각박한 세상을 여유롭게 사는 사람이 되라는 바람이 담겨 있다.

범에게 물려가도 정신을 차려라

할아버지 인간에게 있어서 마음이 죽는 것보다 더한 슬픔은 없다. 육체의 죽음은 그 다음이다. 공자님의 말씀이다. 마음이 죽는다는 것은 절망하고 포기하는 것이다. '범에게 물려가도 정신을 차려라.' 라는 속담도 마음의 죽음을 경계한 것이다. 정신차리고 이 어려운 상황을 잘 헤쳐 나가자.

지난 8월 물난리 때 200여 리나 물에 떠내려 갔던 소가 죽지 않고 살아 돌아와 화제가 됐었다. 그때 신문에 우생마사牛生馬死란 말이 처음 등장했다. 뜻은 홍수를 맞아 소와 말이 떠내려 갈 때 소는 살아 나오고 말은 나오지 못하고 익사한다는 것이다.

그럼 말은 헤엄을 못 쳐 빠져 죽는가? 아니다. 소보

다 훨씬 헤엄을 잘 친다. 호수같은 잔잔한 물에선 소가 따라갈 수 없을 정도의 수영 기량을 보인다. 문제는 휘몰아치는 급류에선 그 실력이 빛을 내지 못한다는 것이다. 살려고 필사적으로 네 발을 허우적거리기만 한다.

태훈 제 인생의 부력은 친구들과 가족 같습니다. 왜냐하면 제가 힘들거나 어려울 때, 슬플 때 항상 같이 있어 주고 그들로 인해 제가 바닥에서 하늘로 올라가는 느낌이 듭니다.

수현 할아버지가 지난번에 말씀해주셨던 『노인과 바다』의 노인도 스스로 포기하면 마음을 죽이는 것이라는 것을 알기 때문에 포기하지 않고 끝까지 최선을 다한 것 같아요. 그리고 우생마사라는 말을 들어보면 말도 살고 싶기도 하고 스스로 포기하면 마음을 죽이는 것이기를 알아서 발버둥쳤지만, 소와 다른 점은 신앙심이 부족해서 그런 것 같아요. 저도 제가 살다가 어려움이 닥치면 일단은 포기하지 않고 제 마음을 스스로 죽이는 일이 없도록 하면서 모든 일을 하나님께 맡기는 신앙심을 갖도록 노력해야겠어요.

환경의 역습 '역천자망^{逆天者亡}'

할아버지 역천자망^{逆天者亡}에서의 천명은 천지자연의 도리를 지키
라는 명령인데 이를 어기고 거역하면 망하게 된다는
뜻이다. 백성을 이롭게 하라는 천명을 거역하고 백성
을 핍박하는 정치를 한다면 천명을 거슬렀기 때문에
자연히 망하게 된다는 것이다. 자연보전이 섭리^{攝理}인
데 이를 어길 경우, 자연 재앙이 따르는 것과 같은 이
치다. 네가 알고 있는 역천과는 전혀 다른 우주적 개
념이다. 그래서 차원이 다른 극복이라는 인간적 노력
이 개입될 틈이 없다.

홍수가 나면 땅 위에 있던 각종 쓰레기가 떠내려가 강
과 바다로 몰려 섬이나 운동장을 이뤘다는 보도가 어
김없이 나온다. 비가 그치면 장비와 인력을 동원해 이

를 치우는 작업이 매년 반복적으로 시행되고 있다. 그런데 이렇게 지구촌 사람들이 환경오염을 막기 위해 노력하지만, 보람도 없이 북태평양에는 거대한 쓰레기 섬이 만들어졌을뿐 아니라 계속 확장되고 있다. 미국인인 찰스 무어 선장이 1997년 발견한 이 섬은 크기가 한반도의 14배 정도이다. 특이한 것은 2017년 플라스틱오션 재단이라는데서 이 섬을 국가로 인정해 달라는 청원서를 유엔에 제출했다는 것이다. 이와 함께 국가로 인정받기 위해 정부 수립과 국경을 정하고 국민을 모집해 현재 온라인으로 20만 명이 넘는 동조자들을 모았다고 한다. 국기와 화폐, 여권도 만들었다. 전 미국 부통령 엘고어가 이 쓰레기 섬나라 1호 국민이다. 섬나라 여왕도 임명했는데 배우 쥬디덴치가 맡았다. 이런 처사들이 어떻게보면 아이들 소꿉장난처럼 치졸해 보일 수 있으나 쓰레기섬을 통한 환경오염 문제의 심각성을 부각시키는 반사적 효과를 노린다고 볼 수도 있다. 각종 플라스틱을 이용한 제품들의 생산과정에서 발생하는 대기 및 수질오염 또한 심각한 수준이라고 한다. 우리가 많이 애용하는 티셔츠의 경우 한 장 만드는데 970ℓ의 폐수가 나오고 유통과정에선 한장당 4kg의 탄소가 발생한다는 것이다. 또 세계자연

기금과 호주 뉴캐슬 대학의 연구결과에 따르면 한 사람당 매주 미세 플라스틱 5g을 섭취하는데 이는 신용카드 한 장 분량에 해당한다. 환경 요동이 전혀 해로운 것 만은 아니었다. 우리를 미개한 원시인에서 오늘날의 다재 다능한 우주인으로 진화 시켜준 것은 우주의 주기에 따라 일어난 환경 요동 변화 때문이었다. 이토록 자연적 순리적 변화는 선한 결과를 낳지만, 오염과 훼손으로 인한 인위적 변혁은 인류를 멸망으로 이끄니 거듭 경계해도 모자람이 없다. 이 땅에 사는 우리들은 한시도 방심하지 말고 다가올 환경역습으로 인한 대재앙에 대비해야겠다. 온 지구촌이 대동단결할 때다.

태훈 전에 폭풍, 장마, 홍수 등 여러 자연재해가 크게 일어났습니다. 그로 인해서 여러 가지 큰 피해를 보았습니다. 농작물들이 파괴되고 공장, 동물 심지어 사람한테도 큰 피해를 주었습니다. 이러한 자연재해들이 여러 가지 쓰레기를 몰고 가거나 그 거리를 쓰레기가 흙으로 덮어버립니다. 우린 그런 쓰레기들을 금방 치우지만 북태평양에 있는 거대한 쓰레기 섬은 우리나라처럼 빠르게 금방 사라지지 않고 천천히 사라집니다. 그게 다 우리가 버린 쓰레기로 만들어진 것입니다. 심지어 크기가 한반도의 14배라니 어마어마합니다. 이 문제를 해결하기 위해 우린 쓰레기를 줄이고 일회용 사용을 줄이고 있습니다. 그리고 나이키, 아디다스 같은 의류 회사들의 노력도 있습니다. 그들은 신발에 해양 쓰레기를 사용합니다. 점차 쓰레기를 줄여가려는 노력이 보이지만 쉽진 않을 것 같습니다. 그리고 '순천자흥 역천자망^{順天者興 逆天者亡}'은 진짜 좋은 말인 것 같습니다. 하지만 한 번쯤은 거슬러 올라가 보면서 어려움, 고통, 시련을 겪어보는 것도 좋은 경험이 될 것 같습니다. 좋은 글 감사합니다.

수현 할아버지의 말씀을 들으니 인간은 자연적인 환경 요동 때문에 발전했지만, 이제는 인간의 인위적인 환경 요동 때문에 인간이 멸망 위기에 처해 있고, 다가올 무시무시한 환경 요동에 대비해야 한다라고 요약이 가능한데 저는 이 이야기를 들으면서 지난번에 할아버지가 해주신 말씀이 생각났어요. 바로 '순천자흥 역천자망'이에요. 그래서 저는 우리 인류가 환경 변화의 위험성과 결과에만 집중하지 말고 한 번쯤은 우리가 천명을 거스르진 않았나? 라고 생각해 볼 필요가 있다고 생각해요.

할아버지 맞는 말이다. 문제의 핵심을 정확히 짚었다. 그리고 해답도 내놓았구나. 지식의 인용 능력도 탁월하구나.

수현 감사합니다.

태준 저도 이 내용을 EBS에서 본 적이 있습니다. 플라스틱 섬은 사람들이 버린 쓰레기들이 파도에 떠밀려와서 만들어진 섬입니다. 이렇게 사람들이 쓰레기들을 함부로 막 바다에 버리니까 바다 깊숙한 곳도 쓰레기가 있을 것입니다. 그러면 바다 생물들이 쓰레기가 먹이인 줄 알고 먹었다가 죽는 경우도 있고 쓰레기가 몸에 끼어서 평생 그렇게 살아가야 합니다. 이 짓들의 원인은 거의 다 사람입니다. 이러한 환경 파괴는 사람들이 편리해지기 위해 과학 발전을 계속해서입니다. 하지만 사람들은 이 문제를 알고서도 계속 과학 발전을 합니다. 그래서 친환경 에너지를 사용해야 합니다.

먼 곳의 벗이 찾아오는 즐거움

할아버지 1969년 출범한 삼락회는 '가르치는 즐거움, 배우는 즐
거움, 봉사하는 즐거움'을 기치(태도나 행동을 구별하
는 표)로 내 걸고 퇴직 교사들이 만든 단체다. 공자나
맹자가 언급한 삼락(세 가지 즐거움)을 최초로 단체 이
름에 사용해 이목(귀와 눈)을 끌었다. 공자, 맹자 같은
까마득히 먼 시대에 통용되던 말이어서 더욱 그러했
다. 죽은 말 잊혀진 말이 어느 날 소리소문없이 쨍하고
나타난 격이었다. 삼락의 원본이라 할 수 있는 공자나
맹자의 삼락을 통해 현자들이 누린 즐거움에 빠져 보
자.

공자의 세 가지 즐거움은 첫 번째가 배우고 익히는 것.
두 번째가 먼 곳의 벗이 찾아오는 것이고, 세 번째는

남이 나를 알아주지 않아도 성내지 않는 것이다. 그럼 맹자의 삼락 세 가지 즐거움은? 일락은 부모가 다 살아 계시고 형제가 무고한 것. 두 번째 이락은 하늘과 사람에게 한 점 부끄러움이 없는 것. 마지막 삼락은 천하의 영특한 인재를 얻어내서 바람직한 인간으로 교육하는 것이란다. 이상에서 보는 공맹자의 삼락관은 지향점에서 서로 차이가 있음을 발견하게 된다.

제일락을 놓고 보면 공자는 공부와 배움을, 맹자는 가정과 가족의 안녕을 제일로 꼽았다.

조선 시대 선비들의 삼락관을 살펴보자.

문신인 신흠[1566~1628]은 삼락을 '문 닫고 마음에 드는 책을 읽는 것', '문 열고 마음에 맞는 손님을 맞는 것', '문을 나서 마음에 드는 경치를 찾아 나서는 것'이라고 했다.

다산 정약용도 삼락에 대해 글(『유수종사기游水鐘寺記』)을 남겼다. '어려서 놀던 곳에 어른이 되어 오는 것', '가난하고 궁색할 때 지나던 곳을 출세해 오는 것', '나 혼자 외롭게 찾던 곳을 마음 맞는 좋은 벗들과 어울려 오는 것'이라 했다. 개성과 신념, 취향에 따라 즐거움도 제각기 다름을 알 수 있다. 정약용은 긴 유배 중에도 면학과 저술 활동으로 많은 명작을 남겨 당연히 공부에 힘썼다.

수현 저의 삼락 중 일락은 가족들이 항상 건강한 것. 이락은 친구가 저를 인정해주는 것. 삼락은 병법이나 중국 고전에서 새로운 것을 배우는 것이에요. 그리고 몽아학당이 벌써 일주년이 됐다는 것이 참 감개무량하네요. 처음에는 할아버지가 보내시면 어떻게든지 잘 쓰려고 그렇게 열심히 하고 노력하기도 해서 나름 훌륭한 답장도 보내고 칭찬도 받았는데, 요새는 초창기의 열정이라든지 정성이 많이 없어진 것 같아 반성해요. 앞으로는 초심을 되찾아 열심히 답장을 보낼게요.

태훈 먼저 저의 첫 락은 가족들과 함께하는 즐거움입니다. 가족들과 함께 여행가거나 가족들과 함께 할머니·할아버지 집에 가면 늘 설레고 행복해집니다. 그리고 2번째 락은 친구들과 함께 할 수 있다는 것에 대한 즐거움입니다. 친구들과 함께 놀러 다니고 장난치는 것이 가족들과 보내는 시간만큼 즐겁습니다. 마지막은 나이를 먹으며 계절이 바뀌고 시간이 지나는 것에 대한 락입니다. 왜냐하면 나이를 먹으면 먹을수록 성숙해지고 점점 철이 들어 차분해집니다. 그리고 제가 변화를 해 간다는 것이 놀랍고 행복합니다. 저의 삼락은 이것들입니다. 이번에 몽아학당이 1주년을 맞이하게 되었습니다. 벌써 1년이 지나갔고 할아버지 덕분에 더 다양한 지식을 쌓게 되었던 것 같습니다. 앞으로도 좋은 글 보내주시고 저는 어설프지만 최선을 다해 글을 써서 보내도록 하겠습니다. 1년 동안 정말 감사했고 존경했습니다. 다음에 원주에서 뵙겠습니다.

태준 저의 삼락은 첫째, 제가 아프지 않은 것입니다. 왜냐하면 자기 자신이 아프면 어딜 나가지도 못하고 무엇보다 고통이 심하기 때문입니다. 둘째, 밥을 먹는 것입니다. 왜냐하면 맛이 있는 밥을 먹으면 기분이 좋아지기 때문입니다. 그리고 포만감이 느껴지면 마음이 편안해지는 느낌이 듭니다. 셋째, 가족들과 같이 지내는 것입니다. 왜냐하면 혼자 있을 때는 외롭고 강도가 들어오면 큰일 날 수 있고 위험할 수 있습니다. 하지만 가족들과 같이 있으면 외롭지도 않고 안전하기 때문입니다.

주현 *가르치는 즐거움 * 배우는 즐거움 * 봉사하는 즐거움을 기치로 만든 삼락회가 퇴직한 교사들이 만든 단체라는 게 신기하네요. 오직 나의 욕심 때문이 아니라 다른 사람을 위하여 삼락회를 만든 퇴직 교사들이 참 대단한 것 같아요. 저도 퇴직 교사들처럼 남을 위해

가을의 학당

베풀 줄 아는 사람이 되고 싶네요.

할아버지 너의 즐거움 세 가지가 무엇인지 말해 보거라.

주현 가족과 함께 보내는 즐거움, 친구들과 함께 보내는 즐거움, 새로운 걸 배우는 즐거움입니다.

할아버지 그리고 몽아학당 개교 1주년이 되는데 그동안 느낀 점과 유익한 점에 관해 얘기해 보아라.

주현 벌써 1주년이에요! 축하해야겠어요. 1년이 금방 갔어요. 1년 동안 몰랐던 걸 많이 알게 돼서 유익했어요. 저는 할아버지께서 보내주신 몽아학당 중 노블레스 오블리주가 제일 기억에 남아요. 물론 그때는 답장이 엉망이었지만요. 앞으론 더 잘 쓰도록 할게요. 할아버지 1년 동안 몽아학당 보내주셔서 감사합니다.

개미에게서 배우는 동료애

할아버지　말^馬을 지극히 사랑하는 할아버지와 손자가 있었다.
어느 날 할아버지가 볼일이 있어 말을 손자에게 맡기
고 며칠 집을 나가 있었다. 그 사이 말이 병이나 고열
에 시달리다 죽고 말았다. 손자는 물을 먹이는 둥 말
을 살리려 애를 썼지만, 소용이 없었다. 손자는 할아
버지가 돌아왔을 때 울면서 말을 살리려고 애쓴 이야
기를 했다. 할아버지는 말이 고열일 때는 절대로 물
을 먹여선 안 된다고 하셨다. 독약을 주는 격이라 했
다. 말을 사랑하되 내가 좋아하는 방식의 사랑이 아니
라 말의 입장에서 받아들일 수 있는 사랑을 베풀었어
야 했다고 말씀하셨다. 내가 좋다고 남도 좋아한다고
여기고 밀어 부치지 말라는 것이다. 말꼴 나기 십상

이다. 가을 바람이 옷깃을 스쳐가니 사람의 얼굴마다
가을이 묻어나는구나.

시몬, 너는 좋아하느냐
낙엽 밟는 소리를~

단풍과 낙엽은 사람들을 낭만의 세계로 이끌지만, 나
무들에겐 처절한 생존의 몸부림임을 너희들은 아는
가? 추운 겨울을 나기 위해 잎을 다 떨어뜨려 최소한
의 양분으로 생존을 지키려고 고육지책^{苦肉之策}(어떤 계
책을 위해 제 몸을 괴롭히는 것)을 쓰는 것이다. 삶은
고통이고 생존은 고통에서 교훈을 얻는 것이다.
'신은 죽었다.'로 유명한 독일 철학자 빌헬름 니체
Friedrich Wilhelm Nietzsche, 1844~1900가 한 말이다. 추위라
는 고통 속에서 나무가 얻은 교훈은 다 떨어뜨려야 산
다는 것이었다. 인적 없는 곳에서 바위틈에 다리가 끼
었을 때 다리를 제 손으로 잘라 내고 살아 나오는 것
과 같다. 개미는 위를 두 개 갖고 있다고 한다. 처음엔
한 개였던 것이 두 개가 된 것은 동료를 살리기 위해
서란다. 동료 개미가 굶어 죽는 고통 속에서 해결책으
로 마련한 것이 남을 이롭게하는 이타^{利他} 밥통 즉 제2

의 위다. 굶주린 동료를 먹이기 위해서다.

이탈리아 통일의 기초를 마련한 가리발디^{Giuseppe Maria} ^{Garibaldi, 1807~1882} 장군은 세계 최초로 붉은 셔츠 군단을 만들어 전승의 가도를 달렸다. 도살장 노동자들이 피 얼룩을 감추기 위해 입는 붉은 셔츠를 군복으로 사용해 이 같은 전과를 올리게 됐다. 일종의 생존 전략인 셈이었다. 전투라는 고통을 해결하기 위한 진화였다. '실패는 성공의 어머니다.'와 같은 맥락의 말이다. 고통과 고난, 실패 속에서도 함몰하지 않고 일어서는 것이 자연의 섭리고 이치임을 잊지 말아야겠다. 낙엽을 보면서 말이다.

태훈 '내가 좋다고 남도 좋아할 것이라고 여기지 말라.' 하지만 삶은 고통이고 생존은 고통에서 교훈을 얻는 것입니다. 고통과 고난, 실패 속에서도 함몰하지 않고 일어서는 것이 자연의 섭리고 이치임을 잊지 않겠습니다.

태준 '내가 좋아하는 것은 남도 좋아한다.'고 여기면 안 된다. 이 말은 정말 멋지다고 생각합니다. 왜냐하면 저도 아이스크림을 사러 갈 때 제가 좋아하는 맛만 골라서 비난을 받은 적이 있기 때문입니다. 이처럼 제가 좋아하는 맛을 모두 좋아할 거로 생각해서 일어난 일입니다. 하지만 다시 생각해서 남이 좋아하는 맛을 사면 칭찬을 받을 것입니다.

수현 말의 열을 떨어뜨리기 위해서 자신의 관점으로 생각한 손자가 참 어리석기도 하고 한편으로는 아쉽네요. 그 이야기를 들으니 역지사지易地思之라는 사자성어가 생각나네요. 그리고 저는 고육지책은 삼국지에서 들어 잘 알고 있었지만, 이렇게 자세한 예가 있는지는 몰랐네요. 저는 앞으로 남을 대할 때 역지사지로, 고난과 고통 속에서는 고육지책을 사용해야겠어요.

할아버지 사자성어를 구사하는 실력이 참 놀랍구나.

수현 감사합니다.

주현 처음에 나왔던 것처럼 손자가 말이 죽어가자, 말에게 물을 주어서 말이 죽은 걸 보고 나는 좋지만, 남에게는 고통을 주는 독약이라고 생각했어요. 아무리 노력해도 남이 싫고 해로우면 노력이 물거품이 되네요. 그리고 낙엽이 우리에게는 아름답고 예뻐 보여도 나무에는 살아남기 위한 괴롭고 힘든 것이네요. 그리고 저는 '실패는 성공의 어머니'라는 말이 기억에 남네요. '아무리 힘들고 어려워도 포기하지 않고 힘차게 달려나간다'가 참 감동적이고 인상 깊네요. 저도 어떤 어려운 상황이 닥쳐와도 힘차게 헤쳐 나가는 사람이 꼭 되고 싶네요. 혹시 할아버지는 어려운 상황이 닥쳐와도 잘 해내 가는 사람이 되는 방법을 알고 계시나요? 그리고 저는 개미의 위가 2개인 이유가 동료를 위한 것이란 점이 참 감동적이네요.

거리에서 만난 따뜻한 마음씨와 배려

할아버지 얼마 전 산책길에서의 광경 하나가 너무나도 깊은 감동을 줘 지금까지 생생히 남아 있다. 인부들이 예초기로 회전 로터리 안쪽에서 풀을 깎는 평범한 작업장이다. 이런 상황에서 감동적인 일이 벌어졌다니 도저히 납득이 가지 않을 것이다. 그런데 순간 다른 장면이 눈 앞에 펼쳐진 것이다. 남녀 인부 몇 사람이 어른 키높이의 긴 천 자락을 힘겹게 들고 작업장 밖에 장막을 치는 것이었다. 즉흥 쇼 무대를 만들기 위해서가 아니다. 지나가는 차나 행인들에게 피해나 불편을 끼치지 않기 위해서다. 예초기 작업 시 잘려진 풀조각들이 사방으로 튀어 그를 막으려고 즉석 장막을 만든 것이다. 그 마음씨와 배려에 가슴 뭉클한 감동이 밀려왔다. 그

140

러면서 정치를 떠올렸다. 저 장면을 정치에 적용한다면 좋아하지 않을 국민이 없을 것 같았다. 배려의 정치, 국민을 보호하고 지키는 정치 이거면 됐지 뭘 더 바라겠는가?

태훈 요즘 학원에 다니고 있습니다. 학원에선 영어와 수학을 하는데 선생님들 모두 잘 모르겠다고 하는 학생들에게 꾸지람하지 않고 친절하게 몰랐던 것뿐만 아니라 보충으로 설명도 해주십니다. 전 그 장면을 보고 선생님들은 선한 영향력을 끼친다고 생각했습니다. 할아버지께서 저희도 남들에게 선한 영향력을 끼치라고 하셨지만, 선생님 정도의 레벨이 아닌 전 다른 방법으로 선한 영향력을 끼치려고 합니다. 선생님들이 저에게 실망하지 않고 절 열심히 하는 학생으로 보도록 숙제도 열심히 하고 저보다 못하는 친구들을 도와주는 등 모두에게 선한 영향력을 끼치겠습니다. 감사합니다.

수현 저는 어제 신문을 보다가 불난 건물에 아이와 임산부가 있어 난간을 부수고 들어 간 가족들의 이야기를 보았어요. 그런데 할아버지 말씀을 들어보니까 그 가족 이야말로 다른 사람을 배려하는 마음을 가졌다고 생

각해요. 다른 사람을 구하느라 자신의 발이 찢어진 줄
도 몰랐으니 말이에요. 저도 앞으로는 예와 악을 실천
하면서 살아야겠어요.

태준 여기에 나오신 장막을 치신 분들은 정말 대단하신 것
같습니다. 다른 사람들을 위하여 자기가 힘이 들더라
도 배려하시는 게 대단한 것 같습니다. 전 세계 사람
들이 이렇게 배려한다면 이 세상은 평화로워질 것입니
다. 하지만 지금 살고 있는 사람들은 거의 다 자기만
잘되면 된다고 생각하고 있습니다. 그래도 저는 이제
부터라도 선한 영향력을 가지고 살겠습니다.

주현 더운 땡볕에서 일하느라 힘들고 짜증도 났을 텐데 남
을 생각해서 여러 사람이 사람의 키보다 높은 천을 들
고 잔디가 튀지 않게 하기 위한 인부들의 마음씨가 바
다와 같이 넓은 것 같네요. 이런 마음씨를 우리나라
정치가들이 본받았으면 좋겠네요. 우리나라 정치가들
은 서로 싸우고 욕을 해대고 서로 못 잡아먹어 안달이
난 사이인데 인부들의 마음씨를 본받으면 그런 일이 없
을 것 같네요. 인부들의 마음씨로 정치를 한다면 나라
가 아주 평화롭고 싸움이 없을 것 같아요. 그런 배경

이 세계였으면 정말로 좋겠네요. 그러면 나라끼리 싸우는 일도 없고 지금 독도가 일본의 땅이라고 주장하는 문제도 해결할 수 있네요. 그럼, 지구 전체가 평화롭고 전쟁이 나지도 않겠네요. 저도 남을 위해 베풀고 남에게 무엇을 하든지 남에게 감동을 주는 훌륭한 사람이 되고 싶네요. 그리고 지금, 이 코로나19 바이러스를 인부들의 마음과 같이 남을 배려하면 코로나19 바이러스를 물리칠 수 있겠네요.

모른다는 것을 아는 것도 자신을 아는 것

수현   할아버지 혹시 어디 편찮으세요? 몽아학당이 2주 동안 안 와서 걱정돼서 보내요.

할아버지   벼 베기 작업이어서 벼 말리기 등 농작업이 계속돼 피곤도 하고 그래서 부득이 결강을 했다. 오늘은 보내마. 관심 가져줘서 고맙구나.

아! 테스 형 세상이 왜 이래 왜 이렇게 힘들어 / 아! 테스 형 소크라테스 형 사랑은 또 왜 이래 / 너 자신을 알라며 툭 뱉고 간 말을 / 내가 어찌 알겠소. 테스 형.

나훈아란 가수가 얼마 전에 불러 깊은 울림과 더불어

144

커다란 반향을 일으키고 있는 <테스 형>이란 제목의 노래 가사 일부이다. 2,500년 전에 살았던 고대 그리스 대철학자를 형이라 부르며 격식 없이 말을 건네는 노랫말이 흥미를 끌게 한 것 같다. 소크라테스^{Socrates,} $_{BC\ 469~BC\ 399}$는 잘 모를지 몰라도 그의 대표적 명언인 '너 자신을 알라.'는 모르는 사람이 없을 정도로 너무나 유명하다. 그런데 이 명구는 사실 테스 형이 만든 말이 아니다. 아테네에서 버스로 두 시간 거리에 있는 델포이 아폴론 신전 입구에 새겨져 있는 세 경구 중 하나이다. 소크라테스는 원작자가 아닌데 이 말을 워낙 많이 하고 다녀 그의 작품처럼 돼버린 것이다. 테스 형은 너 자신을 알라고 외치며 나 스스로가 누구인지 아는 것은 모든 선한 일의 근원이며 자신이 누구인지 모르는 자는 미혹에 빠질 수밖에 없다고 경고하며 다녔다고 전해진다. 철학계에선 '너 자신을 알라.'를 서양철학의 분기점으로 본다.

이전 철학자들의 관심이 인간보다는 자연에 쏠려 있어 우주 시간 숫자와 세계와의 관계 등에 대해 고민했다. 소크라테스는 달랐다. 인간 즉 사람이 관심사였다. 인본주의의 문을 열었다. 역사의 주체가 자연, 우주, 신에서 인간으로 자리를 바꾸게 하는 다리가 되었다. 내가 누구인지를 아는 것이 세상 어떤 지식보다 값지기에 소크라테스는 거리에서 젊은이들을 만나면 끊임없이 질문을 던져 잠자는 자아의식을 깨우쳐주려 했다. 테스 형은 법정에서 사형선고를 받고 최후진술에서 재판장이나 배심원들이 아닌 아테네 시민들을 부르면서 "아니 벌써 떠날 시간이 되었군요. 나는 죽으러, 여러분은 살러 갈 시간이. 우리 중 어느 쪽이 더 좋은 일을 향해 가고 있는지는 신 말고는 그 누구에게도 분명치 않습니다."라고 작별 인사를 했다. 그는 자신에 대해 잘 모른다면서 그러나 모른다는 것은 확실히 안다고 했다. 너희들은 자신에 대해 얼마나 알고있는지 말해 보거라.

태준 저도 소크라테스의 '너 자신을 알라.'라는 말을 좋아하는데 이게 소크라테스가 만든 말이 아니라 아폴론 신전에 새겨져 있다는 것을 지금 처음 알았습니다. 이 말처럼 다른 사람보다 자기 자신을 먼저 알아야 합니다. 저는 아직 저에 대해 잘 알고 있는 것 같지 않습니다. 왜냐하면, 전 제가 잘하는 것과 저의 장점 단점과 같은 이런 질문들을 답을 할 때 고민을 엄청 많이 하기 때문입니다. 하지만 저는 계속 저에 대해 알아가려고 노력

중입니다.

할아버지 너의 글은 자신감과 자존감이 묻어나고 우물쭈물함이 없어 좋다. 댓글도 1등으로 보냈다.

태훈 '너 자신을 알라.' 전 여태까지 나 자신을 곰곰이 생각해 볼 만한 이유가 없었습니다. 왜냐하면 전 중학교 2학년 이태훈이 저 자신이기 때문이었습니다. 하지만 이번 글로 저 자신을 알아볼 필요가 있었습니다. 전 힘든 것은 쉽게 포기하지만 제가 원하고 즐거워하는 일에는 최선을 다하는 편입니다. 그리고 전 친구, 가족들과 함께하는 모든 것을 즐거워하고 특히 어디를 가는 것을 좋아합니다. 가족과 친구들을 아끼고 사랑하며 배려하여 우정을 쌓기도 하고 친밀도도 올립니다. 남에게 제 이야기를 잘 털어놓지도 않습니다. 이 밖에도 더 많지만 여기까지만 하겠습니다. 감사합니다.

가을의 학당

할아버지 물 흐르듯 솔직하게 잘 썼다.

태훈 감사합니다.

수현 　저는 원래 '너 자신을 알라.'가 소크라테스가 한 말이
　　　아닌 줄은 알았지만, 그렇게 자세하게는 몰랐어요. 또
　　　하나 배웠네요. 감사합니다. 그리고 손자병법에도 보
　　　면 '적을 알고 나를 알면 백번 싸워 백번 이기고 적을
　　　모르고 나를 알면 한번 이기고 한번 지고 둘 다 모르
　　　면 무조건 진다.'라는 말이 있어요. 할아버지 말씀과
　　　그 말을 들으니 제 자신을 아는 것이 얼마나 중요한
　　　일인지 알겠어요. 이제부터라도 제 자신이 누구인지
　　　한번 생각해 봐야겠어요.

할아버지 　『손자병법』의 지피지기 백전백승知彼知己 百戰百勝을 '너 자
　　　신을 알라.'와 잘 매치 시켰다.

주현 　저는 저 자신에 대해서 잘 알지 못해요. 지금 할아버지
　　　께서 저에게 질문을 하시기 전에는 저에 대해서 잘 알
　　　고 있다고 생각했는데 할아버지의 질문을 받고 보니 저
　　　에 대해 떠오르지 않네요. 나에 대해 아는 것은 아주
　　　쉬운 거 같지만 굉장히 어려운 숙제인 것 같아요. 오랜
　　　시간 동안 천천히 저에 대해 생각해 볼게요. '테스형'이
　　　란 노래를 찾아서 들어봐야겠어요. 아주 재미있는 노
　　　래일 거 같아요.

할아버지 모른다는 사실을 아는 것도 자신을 아는 것 중 하나이

다. 글을 물 흐르듯 잘 썼다.

149

부드럽고 약한 것이 굳세고 강한 것을 이긴다

할아버지 고대 중국 사상사엔 유가와 도가라는 두 큰 흐름이 있었다. 정교일치를 지향하는 유가를 이끌던 사람은 공자였고 무위설을 내세운 도가는 노자가 수장이었다. 이 두 학파의 차이점을 간략하면 유가는 실용적 현실주의로, 도가는 초현실적 이상주의로 각각 풀어 볼 수 있다. 이상과 현실이 공존하는 인간 사회를 이들을 통해 다시 확인할 수 있게 된다.

치폐설존齒弊舌存이란 고사성어가 있다. 치는 이를, 폐는 무너지고 상함을, 설은 혀를, 존은 있음을 나타내는 말인데 전체 뜻은 이빨은 없고 혓바닥만 남아 있다는 것이다. 노자가 따르며 공경하던 상용이란 사람이 노환으로 병석에 눕게 돼 노자가 찾아가 마지막 가르침을 청했다. 누워 있던 상용이 갑자기 입을 짝 벌렸다가 다물며 '내 이가 있는가?' 하는 것이었다. 노자는 '없습니다.' 그러자 그는 다시 입을 벌리고 다물면서 '내 혀는 있는가?' 하고 물었다. '예. 있습니다.' 상용이 '내 말을 이해하겠는가?' 하고 또 물었다. 그 물음에 노자는 이렇게 대답했다.

'단단한 게 먼저 없어지고, 부드러운게 남는다는 말씀 아닙니까?' 상용은 고개를 끄덕이며 '그렇네. 천하의 이치가 모두 그 안에 있다네.'

노자는 도학의 시조이지만 출생·사망에 대해선 전혀 알 길이 없는 인물이다. 그가 남긴 명언을 보면 상용의 치폐설존의 짙은 그림자가 깃들어 있음을 알 수 있다.

- 부드럽고 약한 것이 굳세고 강한 것을 이긴다.

 (柔弱勝剛强 유약승강강)

- 너무 강하면 부러진다.(强則折 강즉절)

- 부족함을 안다는 것은 멈출 줄 안다는 것이다.

 (知止不殆 지지불태)

- 족함을 아는 사람이 진정한 부자이다.

- 모르는 것을 모른다고 하는 것이 최상의 덕이다.

노자는 통치자의 최고와 최악에 대해서도 언급했다.
최고의 통치자는 아랫사람이 그 존재만 알 뿐이다. 그
다음 통치자는 백성들이 친근히 여기며 높이고 세 번
째는 두려워하고, 가장 나쁜 통치자는 백성으로부터
업신여김 받고 욕먹는 통치자[1]이다.
치폐설존의 고사를 통해 너희들이 배워야 할 것이 무
엇인지 곰곰이 생각해 보거라.

태훈 역사 시간에 노자와 공자를 배운 적이 있습니다. 그들
은 도가와 유가를 만들어 낸 대단한 분들입니다. 도
가는 도道를 중요시하고 유가는 예禮를 중요시한다고
배웠던 것이 기억나는 것 같습니다. 감사합니다.

태준 단단한 게 먼저 없어지고 부드러운 것이 더 오래간다
는 것을 생각해보니 거의 그런 것 같습니다. 할아버지
가 쓰신 것처럼 '너무 강하면 부러진다.'도 맞는 것 같
습니다. 그 예로 돌은 땅에 내려치면 깨지지만, 솜은
땅에 내리쳐도 깨지지 않는다는 것입니다. 그리고 '족
함을 아는 사람이 진정한 부자다.'라는 말도 맞습니다.
이 예로는 부자가 자기가 좋아하는 것들을 막 사버리

---

1. **도덕경 제17장** (太上. 下知有之. 其次 親知譽之. 其次 畏之. 其次 侮之.)

면 그 부자는 얼마 안 가 거지가 될 수 있기 때문입니다. 그렇지만 참은 부자는 오랫동안 부자가 되기 때문입니다. 이것 말고도 다른 예도 있습니다. 이처럼 사람은 얇고 길게 가야 한다고 생각합니다.

주현 모르는 것을 모른다고 하는 것이 최상의 덕이다. 단순하면서도 당연한 말인 것 같아요. 며칠 전 이 말을 저의 선생님이 말씀하신 게 기억나네요. 선생님께서 지금 우리는 배우러 왔기 때문에 모르는 것이 부끄러운 것이 아니라고 하셨어요. 그리고 '딱딱한 것과 부드러운 것 중 부드러운 것이 남는다.'라는 말이 당연하다고 생각해요. 왜냐하면 딱딱하면 사람들이 더 많이 쓸 테고 부드러운 것은 잘 휘고 부러져서 사용되지 않아 부드러운 것이 남을 것 같네요.

학동의 쉬는 시간 ❸

할아버지 안코라 임파로^{ancora imparo}. 나는 아직도 배우고 있다.

르네상스 시대 대표적 화가며 조각가였던 미켈란젤로 Michelangelo di Lodovico Buonarroti Simoni, 1475~1564가 죽기 2년 전인 87세에 시스티나 성당의 천장화를 완성하고 그의 스케치북 한쪽에 적어 놓은 글귀이다.

이번 주엔 일부 우리말 속에 녹아 있는 역사적 배경에 대해 쓰고자 한다.

'고약하다', '와이로', '거덜났다'는 이 말들은 많이 쓰여지고 있지만, 연원에 대해서 아는 사람은 별로 없다.

고약하다는 얼굴, 성질, 날씨 등이 흉하거나 괴팍하거나 나쁠 때 쓰는 말인데 고약해^{高若海, 1377~1443}라는 사

154

람 때문에 생긴 것으로 알려져 있다.

조선 세종 임금 치세 시 신하로 강원 충청 관찰사 형조참판 그리고 오늘날 검찰총장 격인 대사헌을 지낸 인물이다. 강직한 성품 때문에 세종과 언쟁이 잦았고 자신의 의견이 받아들여지지 않으면 가차없이 '유감입니다. 실로 실망했습니다.' 라며 대들었고, 일어나 박차고 나가기까지 했다. 기고만장한 그를 세종이 벌주려고 했으나 임금과 신하 사이에 언로가 막힐까 봐 실행을 못했다. 참다 못해 파면을 단행했지만 일년 만에 복직을 시켰다. 일은 나무랄데없이 잘했기 때문이다.

와이로는 발음상 일본어 같지만 고려 시대까지 거슬러 올라가는 뿌리 깊은 우리말이다. 와이로는 뇌물을 뜻하는 말이다. 아무개가 '와이로 먹고 이 일이 될 수 있도록 했대.'라고 할 때 사용한다. 이 말에도 역사적 스토리가 있다.

고려 의종 임금이 세상 물정을 살피기 위해 수행원도 없이 돌아다니다 날이 저물어 깊은 산중의 민가를 발견하고 주인에게 하루 묵고자 청했지만 거절당하고 알려 준 주막을 찾아가려고 되돌아 나오는데 대문에 붙어 있는 유아무와^{有我無蛙} 인생지한^{人生之恨}이란 글귀

155

를 보게 된다. 주막집 주인으로부터 여러 차례 과거에 낙방해 집 안에서 글만 읽고 있다는 애기를 듣고 다시 그 집으로 가 사정해 묵으면서 대문에 붙인 글귀에 대해 이야기를 듣게 된다. 뜻은 '나는 있는데 개구리가 없는 게 인생의 한'이라는 거다. 까마귀가 꾀꼬리에게 백로의 심판 하에 노래 시합을 제안, 삼일 후에 하기로 했는데 까마귀는 노래 연습은 제쳐놓고 개구리만 잡으러 다니는 것이었다. 심판인 백로에게 뇌물로 주기 위해서다. 시합은 하나마나였다. 까마귀가 승자였다. 뇌물 먹은 백로가 까마귀 손을 들어 줬기 때문이다. 이로부터 와이로蛙利鷺란 말이 나와 지금까지 통용되고 있다. 와는 개구리, 이는 이롭게 하는 것, 로는 백로를 의미한다. 전체 뜻은 개구리가 백로를 이롭게 한다는 것이다.

이 사람은 나중에 고려의 대문장가가 된 이규보李奎報이다. 그는 불의와 부패, 불법이 난무하는 고려 과거제도의 실정을 개구리와 백로에 비유해 폭로하고자 했던 것이다. 왕은 돌아가 임시 과거시험을 실시했는데 과제(과거 제목)는 이규보가 대문에 붙여 놓은 '유아무와 인생지한'이었다. 당연히 이규보가 장원 급제였다.

끝으로 거덜이 났다인데 이 말 역시 오래된 역사를 갖

고 있다. 이 말은 소비와 낭비가 심해 경제적으로 곤란한 지경에 이른 경우에 쓰인다. 거덜은 조선 시대 말을 관리하던 관청인 사복시의 하인을 일컫는 말이다. 귀인의 행차 시 앞서가며 '쉬~ 물렀거라~ 판서대감 행차 납시오.' 하며 길을 터주는 역할을 한다. 그런데 이들이 견마성 외침으로 끝나지 않고 길거리에서 온갖 악행을 저질러 말에 까지 주인공으로 등장, 사람들 입에서 떠나지 않고 있다. 거덜들의 거들먹거림과 횡포를 피해 다니는 피맛길이라는 것도 그래서 생겼다. 사람들은 거덜들로부터 착취를 당했을 때 거덜났다는 말을 썼는데 수 백 년이 지난 현재에도 현역으로 뛰고 있다.

태훈 '고약하다', '와이로', '거덜났다'는 말의 연원이 매우 신기했습니다. 고약한이라는 사람의 이름을 따서 만든 고약한. 뇌물을 뜻하는 우리말 와이로. 조선 시대 말을 관리하던 관청인 사복시의 하인을 일컫는 말이라는 것을 처음 알게 되었습니다. 감사합니다.

수현 저는 고약하다, 거덜나다의 유래가 있을 거라고는 생각도 못했는데 이름과 하인에서 나온 것이라니 놀랐

157

어요. 역시 이름을 잘 지어야겠네요. 그리고 와이로라
는 것은 들어 보지못했는데 할아버지 덕분에 또 하나
알게 되었네요. 감사합니다.

태준 '고약하다', '와이로', '거덜났다'는 것이 우리나라 말이
었다니 깜짝 놀랐습니다. 특히 와이로라는 말이 외국
말이 아니라 우리나라 말인 게 제일 놀라웠습니다. 그
뜻도 뇌물이라는 게 신기했습니다.

주현 미켈란젤로가 한 말 중 안코라 임파로가 미켈란젤로
의 성격을 알 수 있는 단어인 것 같아요. 미켈란젤로
는 겸손한 성격인 것 같아요. 자신이 르네상스 시대 대
표 화가인 것을 알고도 자신은 아직도 배우고 있다고
말한 미켈란젤로가 아주 겸손하네요. 그리고 꾀꼬리
와 까마귀가 노래 시합을 할 때 개구리를 잡아 뇌물
로 바치려는 까마귀는 아주 비겁한 것 같고 백로는 멍
청한 것 같아요.

Part.4

겨울의 학당

퇴계·율곡과 노블레스 오블리주

할아버지 너희들 천 원짜리 돈에 나오는 옛날 어르신이 누군지 아니? 퇴계 이황 선생이라고? 맞다. 조선 중기 성리학의 대가이시지. 성리학은 중국 송나라 때 생긴 유학의 일파로 인성과 천리를 논하는 학문인데 퇴계는 이 분야에서 중국 일본에서도 우러러보는 대학자이시다. 그럼에도 평생토록 자신을 낮추고 지위나 신분 낮은 사람을 공감하고 배려하며 살아 두고두고 후세인들에게 감동을 주고 있다. 가물 때는 다른 사람 논에 먼저 물을 대개하고 사람들이 돌아가기 싫어 자기네 밭으로 다녀 피해를 줘도 내가 좀 덜 먹으면 되지 식이었다. 대궐에 들어갈 때도 다른 사람을 수고롭게 한다며 수레 대신 말을 이용했다고 한다.

퇴계는 21세에 김해 허 씨와 혼인해 세 아들을 두었으나 6년 후 사별했다. 30세에 안동 권 씨 권질의 딸을 재취로 맞았지만, 정신 질환자여서 결혼 생활이 평탄치 못했다. 선생은 이런 아내를 너그럽게 감싸고 보듬어 학식 많고 근엄한 대유학자와는 다른 사람 향기를 풍겼다.

퇴계 선생댁엔 학덕이란 여종이 있었다. 그런데 한양에 사는 맏손자한테서 전갈이 왔는데 손자며느리가 젖이 모자라 아이에게 제대로 수유를 못 하니 고향 집에 있는 학덕이를 보내달라는 것이었다. 퇴계는 증손자를 위해 학덕이를 보냈을까? 정반대였다. 한마디로 거절했다. 학덕이에게도 젖먹이가 있다면서 내 손자 살리자고 남의 아이 죽게 해서야 되겠느냐고, 생명은 귀천 없이 다 중하다며 일언지하로 거절했다. 얼마나 훌륭한 분이냐.

태준 저도 퇴계 이황 선생님을 많이 존경합니다. 왜냐하면 권력 욕심을 부리지 않고 돈 욕심도 부리지 않았기 때문입니다. 그래서 많은 백성도 퇴계 이황 선생님을 존경했죠. 저도 이점 본받아 많은 사람이 우러러보는 사람이 되겠습니다.

할아버지 지난번엔 퇴계 선생에 대해 이야기했으니 이번엔 율곡 선생을 이야기하겠다. 이 두 분은 조선 성리학의 양대 산맥일 뿐 아니라 생각이나 처신에서 서로 닮은 점이 많기 때문이다. 고리타분한 유학자가 아닌 파격의 삶을 살았다는 점이다. 율곡 이이는 어머니를 여의자 인생 허무를 달랠 길 없어 금강산 절에 들어가 1년간 불도를 닦기도 했는데 이는 유교 질서 사회에선 도저히 행할 수 없는 이단적 처신이었다. 그 후로도 율곡은 토정 이지함이나 운세가 등과 어울리며 그들과 나라 운세를 논하곤 했다. 율곡은 나라와 백성을 위한 일이라면 천한 운세가들에게도 귀와 마음을 열었다는 것이다. 이렇게 해서 율곡은 국가적 대환란인 임진왜란을 죽기 10년 전에 이미 알고 있었다는 설도 있다. 선조에게 국정 쇄신을 위해 많은 봉서를 올린 것도 바로 그 때문이었다. 율곡은 당시 조선을 가리켜 나날이 깊이 썩어가는 큰 집 같다며 그런 나라는 나라가 아니라고 했다. 또 10만 양병을 건의하며 미래의 환란에 대비하고자 했으나 혼자의 말, 독백이 되고 말았다.

태준 전 이이도 대단하다 생각합니다. 왜냐하면 그는 임진왜란이 일어날 것을 알았고 나라와 백성들을 위해 천한 일도 거르지 않고 다 했죠. 그래서 이이는 현재 1,000원 지폐에도 그려져 있죠. 그만큼 대단한 것입니다. 하지만 너무 빨리 돌아가셔서 더 많은 업적을 남기지 못했습니다.

할아버지 이이 선생은 5,000원 지폐에 있지. 1,000원 지폐에 있는 분은 이황이셔.

몽아학당 학동들아! 노블레스 오블리주^{noblesse oblige}란 말 들어 봤냐? 프랑스말인데 귀족의 의무란 뜻이다. 경제·사회·정치·문화 등 전반에 걸쳐 지도급에 있는 사람들이 그에 걸맞은 처신을 해야 한다는 것이다. 군림하고 누리기만 해서는 안 된다는 것이다. 그러면 구체적으로 어떻게 처신해야 노블레스 오블리주 삶을 산다고 할 것인가.

영국과 프랑스는 영토와 왕위를 놓고 백 년에 걸쳐 전쟁^{1337~1453}을 벌였다. 이 백년전쟁에서 가장 주목받는 전투가 칼레 전투이다. 칼레는 도버 해협을 사이에 두고 영국과 마주한 프랑스 땅인데 노블레스 오블리주를 실천한 지도자들로 인해 역사에도 남고 유명해진 곳이다. 영국 왕 에드워드 3세는 11개월 만에 칼레를 함락시키자 자신들을 힘들게 했다고 시민들을 몰살

시키려 했다. 항복사절단이 나서서 사정해 이를 막았
으나 대신 시민 대표 6명[1]을 처형장으로 보내야 했다.
이 소식을 들은 제일의 재력가 외스타슈 드 생피에르
를 비롯해 사업가 법률가 시의원 등 6명이 자진해 나
와 밧줄을 메고 자루 옷을 입었다. 이것이 노블레스
오블리주의 기원이 됐다.

옛 공자의 말을 빌려 답을 풀어본다. 군군신신부부자
자君君臣臣父父子子 군주는 군주답게 신하는 신하답게 아
버지는 아버지답게 아들은 아들답게 이렇게 살면 되
지 않을까? 각자 한번 생각해 보자.

태준 전 프랑스와 영국 전쟁에 노블레스 오블리주처럼 살
수 있습니다. 왜냐하면 전 아들답게 살고 있기 때문입
니다. 저는 커서도 그렇게 살 것입니다.

---

1. 외스타슈 드 생피에르에 이어 '장 테르(Jean d' Aire)', '자끄 드 위쌍(Jacques
de wissant)', '피에르 드 위쌍(Pierre de wissant)', '장 드 피엔느(Jean de
Fiennes)', '앙드리위 당드르(Andrieu d'Andres)' 등 모두 6명이 나섰다.

눈길을 함부로 걷지 마라

할아버지 얼마 전에 신문에서 딸로 인해 걱정하는 엄마의 글을 읽었다. 딸이 보낸 카톡 글이 반응을 만들지 못하자 이로 인해 늘 명랑하던 딸이 시무룩해져서 말도 잘 안 한다는 것이다. 그러다 어떤 날은 밝은 표정을 짓는 등 감정 기복이 심해 딸 다루기가 너무 어렵다고 털어놨다. 이 같은 일은 비단 이 딸에게만 해당한다고 할 수는 없다. 누구나 다 겪는 일이니까. 개방사회에 살다 보니 나보다는 남을 더 의식하게 돼 자존감보다 타인의 자존심 즉 타존감을 앞세우는 세상이 됐다. 내가 보낸 글이 나에게 좋고 감동이 되면 그만이지 남의 평이 무슨 대수냐? 이거다. 타존감 아닌 자존감이 먼저 아닌가. 자존감 상실 시대에 너희는 시류 따라 이

166

같이 살지 말거라. 자존감을 지키기 위해 너희들은 항상 내게 줄 축복의 말을 준비해 뒀다가 그때 그때 꺼내 사용하라. 참 잘했다. 더 좋은 일이 생길 거야. 일이 잘 풀릴 거야. 난 이 일을 할 수 있다. 난 건강하다. 지금은 힘들지만, 빛의 광장으로 곧 나가게 될 것이다.

태훈 일체유심조^{一切唯心造}라는 말처럼 사람은 모든 것이 마음먹기에 달린 것 같습니다. 예를 들어 다른 사람이 너는 못생겼단 말을 했을 때 그 말에 상처받고 자신은 못생겼다고 생각하는 사람과 아니야 나는 못생기지 않았어. 난 내 얼굴이 예쁘다고 생각하는 사람이 있습니다. 이 둘 중 어느 사람이 더 행복해 보이시나요? 제 생각엔 자신이 못생기지 않았다고 생각하는 사람인 것 같습니다. 그런 사람을 자존감이 높은 사람이라고 합니다. 전 자존감이 높은 사람인 것 같습니다. 남이 나를 싫어하는 것 같아도 전 신경 쓰지 않습니다. 그리고 전 그 사람이 절 싫어하는 거지 굳이 저까지 그 사람을 싫어하면서 살면 아주 불편할 것 같고 나중엔 그 말이 저의 자존감을 낮출 수도 있기 때문입니다. 앞으로도 지금처럼 남이 저를 안 좋게 봐도 전 자존감을 가지고 앞으로 나아가겠습니다. 감사합니다.

태준 전 항상 자존심이 높습니다. 왜냐하면 전 자기 자신
을 위대하다고 생각하기 때문입니다. 그리고 다른 사
람이 절 무시하는 말을 해도 전 제 의견을 굽히지 않
고 계속 주장을 하기 때문입니다.

할아버지 며칠 전 원주에는 눈이 많이 내렸다. 펑펑 쏟아지는 눈을
맞으면서 하얀 들판 길을 걸었다. 걸을 때마다 평평한 눈
위에 발자국이 찍혔다. 문득 옛 선인의 한시가 생각났다.

踏雪野中去, 답설야중거

不須胡亂行. 불수호란행

今日我行跡, 금일아행적

遂作後人程. 수작후인정

눈 덮인 들판을 걸어갈 때,

이리 갔다 저리 갔다 하지 말고 똑바로 걸어라.

오늘 내가 만든 발자취는,

뒷 날 다른 사람의 길이 되기 때문이다.

이 한시는 상해 임시정부 수반이었던 김구 선생이 즐겨 애송한 시로 1948년 남북협상을 위해 38선을 넘을 때 김구 선생이 읊어 더욱 유명해졌다. 이 시의 작시자에 대해선 임진왜란 때 의병장이던 서산대사란 설과 조선 순조 때 이양년이란 설이 있다. 작시자가 누구든 간에 뜻만은 세대를 넘어 두고두고 음미하며 새겨 볼 만하다. 선구자나 지도자가 갖출 덕목을, 눈길을 소재로 아주 쉽게 풀이한 글귀라 할 수 있다. 너희들도 이 시구를 통해 지도자가 갖출 덕목에 대해 생각해 보기 바란다.

태훈 답설야중거, 불수호란행. 금일아행적, 수작후인정. 은 옳은 길을 가라는 말 같습니다. 뒷날의 사람이 옳지 않은 길로 가지 않고 옳은 길로만 가게하기 위해 쓴 시 같습니다. 한마디로 지도자의 중요성에 대해 말하고 있는 것 같습니다. 옳은 지도자는 옳은 일을 하고 올바른 사람을 만드는 것 같습니다. 이 시처럼 저도 올바른 지도자가 되어서 나 자신보다 다른 사람을 더 생각하고 불우한 사람의 말에 더욱더 귀 기울이겠습니다. 감사합니다.

태준 저는 이 시를 잘 몰랐습니다. 하지만 할아버지께서 알려주셔서 알게되었습니다. 그리고 지도자가 갖출 덕목에 대해 생각해 보았습니다. 그 덕목은 책임이라고 생각합니다. 왜냐하면 자신이 다른 사람들을 이끌어야 하기 때문입니다. 만약 리더가 책임감이 없다면 다른 부원들을 버릴 것입니다.

소년은 늙기 쉽고 배움은 어렵다

할아버지 경자년^{庚子年} 새해가 열렸다. 가만히 앉아서 주는 복을 받지만 말고 복을 심고 나누는 새해가 되기를 바란다. 지난 2019년을 기해년 황금돼지해로 불렀는데 그렇다면 올해는 어떤 동물에 무슨 색으로 불릴까? 경자년의 자가 쥐를 뜻하니 동물은 알겠고 그러면 색깔은 어떻게 알지? 좀 어렵긴 한데 음양오행 가운데 오행은 나무木, 불火, 흙土, 쇠金, 물水이고 색상은 나무가 청색 불이 적색 흙이 황색 쇠가 백색 끝으로 물이 흑색으로 각각 표현된다. 경자의 경자는 쇠에 속해 그래서 2020년은 흰색의 경과 쥐를 뜻하는 자가 더해져 흰쥐의 해가 되는 것이다. 묵은해를 보내고 새해를 맞았으니 마음가짐이 달라져야 할 것이다.

중국 송나라에 주자^{朱熹, 1130~1200}라는 학자가 있었다. 후세 사람들이 그를 유학의 아버지로 부를 만큼 대 학자이다. 그가 공부 열심히 하라는 뜻에서 권학문^{勸學文}을 남겼는데 다음과 같다.

少年易老學難成. 소년이노학난성

一寸光陰不可輕. 일촌광음불가경

未覺池塘春草夢. 미각지당춘초몽

階前吾葉已秋聲. 계전오엽이추성

소년이 노인이 되기는 쉬워도 배움을 이루기는 어렵네.

작은 시간도 가볍게 여기지 말고 배움에 써야 한다.

연못가에 풀이 아직 봄 꿈에서 깨어나지도 않았는데

계단 앞에 서 있는 오동나무 잎은 가을을 알리네.

이 시는 어영부영 지내다 공부할 때를 놓치는 어리석음을 범하지 말라는 교훈을 담고 있다. 옛날 서당에서 천자문(千字文)을 떼면 그다음 진도인 명심보감(明心寶鑑)에 실려있어 서당 학동들이 꼭 배우는 시였다. 공부할 때는 시간을 허송하지 말고 아껴 열중해야 한다는 것이다. 조선 정조와 순조 때의 정약용[1762~1836]은 천주교

신자라는 이유로 18년간 유배 생활을 했지만, 원망 절망으로 살지 않고 배움과 저작에 힘써 500여 권의 명작을 남겼다. 강진 유배 중에 부인 홍 씨로부터 편지와 치마를 받고 치마를 잘라 종이를 덧대고 거기에다 두 아들에게 교훈 될 편지글을 책으로 만들었는데 그 유명한 하피첩(노을빛 치마로 만든 작은 책자)이다. 다산은 배움에 게으름을 보여서는 안 된다고 일렀다. 올해는 한층 더 마음을 가다듬고 열심히 면학에 힘쓰기를 바란다.

태준 이번 2020년 쥐띠 년이니까 쥐처럼 영리하게 살아보겠습니다. 그리고 이제 중학생이니까. 더욱더 영리하게 살겠습니다. 새해 복 많이 받으세요.

태훈 위의 시처럼 저 또한 공부의 때를 놓치지 않고 차근차근 진도를 나가며 공부해보겠습니다. 그리고 개권유득開卷有得이라는 말처럼 책도 열심히 읽고 저의 친구들과 교학상장敎學相長하여 모두가 이로운 공부를 하겠습니다. 고진감래苦盡甘來란 말처럼 열심히 공부하면 끝은 행복이 따를 것 같습니다. 감사합니다.

할아버지　사자성어를 적절히 구사하여 품격 있는 댓글을 잘 만

들었구나. 사자성어를 배우기가 쉽지 않았을 텐데 장

하다.

태훈　감사합니다.

날갯짓하는 새의 자유

할아버지 며칠 전 뒷밭에 올라가다 보니 비닐하우스에 참새 두 배쯤 돼 보이는 들새 두 마리가 밖으로 나오려고 허둥 대며 날아다니는 것을 보게 되었다. 한참 지켜보다가 문을 열어 주었더니 꽁지가 빠지게 날아가 버렸다. 고 맙다는 인사말도 없이~ 드넓은 허공으로 마음껏 날갯 짓하며 솟아오르는 새들을 보면서 자유, 자연이란 말 을 떠올렸다. 밀폐된 공간에서 맘껏 날지도 못한 채 얼 마나 두려움에 떨었을까? 부자연스러웠을까? 내 속이 다 시원해졌다. 그러면 그토록 새들이 원했던 자연이란 무엇인가? 노장사상에 무위자연無爲自然이란 말이 있다. 아무것도 안 하고 생긴 대로 본성대로 그냥 내버려 두 는 것이 무위자연이라는 거다. 새가, 들새가 밀폐된 비닐하우스가 아닌 하늘에 있어야 그게 자연이라는 것이다. 사람들은 말 발바닥에 더 잘 달리라고, 일하라고 쇠로 된 편자를 쇠못으로 박고 붙인다. 이 과정에서 말이 얼마나 힘들고 스트레스를 받겠는가. 중국 춘추전국시대 진나라에 말 박사로 유명한 백락伯樂이란 신하가 있었다. 일설에 천리마가 소금 수레를 끌고 태행산太行山을 오르다가 그를 보고 크게 울자 백락이 수레에서 내려 눈물을 흘렸다고 한다. 이에 말이 땅을 내려다보며 한숨을 쉬다가 하늘을 우러러 울었는데, 그 소리가 하늘 끝까지 퍼졌다는 것이다.

태훈 이글은 자연의 소중함을 말하고 있는 것 같습니다. 자연이 있으면 인간과 동물이 같이 공존하는 것 같습니다. 옛 학자 아리스토텔레스는 자연은 인간과 동등하다고 말씀하셨습니다. 하지만 그 당시 사람들은 믿지 않았습니다. 그 뒤로 사람들은 아리스토텔레스의 말을 무시하고 무분별하게 자연을 파괴하고 지금까지 살아왔습니다. 하지만 자연을 파괴할수록 인간의 삶이 점점 위태로워진단 걸 안 이 시대 사람들은 아리스토텔레스가 한 말을 귀 기울여 사람과 자연은 동등하단 걸 깨닫고 있습니다. 무분별하게 자연을 파괴하고 자신이 원하는 것을 얻은 사람들과 그걸 알면서도 사용한 제가 너무 부끄러웠습니다. 앞으로는 자연과 사람의 위치는 동등하단 것을 깨닫고 살겠습니다. 감사합니다.

태준 제가 생각하는 자연이란 사람과 동물이 공존하며 살아가는 것이라고 생각합니다. 하지만 지금 인간들은 자기들만 생각하며 자연을 부수고 있습니다. 그렇게 무분별하게 개발하면 동물들 삶의 터전이 사라져 할아버지가 말씀했듯이 사람들이 사는 곳으로 내려올 것입니다.

할아버지 겨울 햇볕이 은근하게 내리쬐는 오후다. 한 줌 햇빛을 보려고 소나무는 오늘도 몸을 비틀며 하늘로 가지를 뻗는다. 사람들은 올해를 가리켜 경자년 쥐띠 해라고 한다. 그런데 이 띠는 어떤 원리에 의해 정해진 것일까? 누구나 한 번쯤은 궁금해했을 법하다. 먼저 띠 동물에 대해 알아보자. 쥐로부터 시작해 소, 호랑이, 토끼, 용, 뱀, 말, 양, 원숭이, 닭, 개, 돼지이며 이를 한자로는 자축인묘진사오미신유술해子丑寅卯辰巳午未申酉戌亥라고 한다. 그러면 이 열두 띠는 또 어떻게 정해진 건가? 목성의 공전주기에 주목할 필요가 있다. 부피는 지구의 약 1,320배 질량은 지구의 약 318배 그리고 적도반지름으로 보면 약 11배의 크기고 공전주기(태양을 한 바퀴 도는 것)는 11.862년이다. 거의 12년마다 태양을 한 바퀴 도는 셈이다. 이에 반해 지구는 1년에 한 번씩 돈다. 이 같이 목성은 태양을 돌면서 지구에 영향을 미친다. 인간의 12띠는 이 목성 주기에 따라 정해졌다 어떤 위치에서 목성이 지구를 바라보느냐에 따라 띠가 정해진다는 것이다. 일 년이 12개월인 것도 목성의 공전주기와 관계가 있다. 그런데 그 시작이 쥐라는 것은 무엇 때문인가? 하고 많은 동물 중 하필 작고 볼품없는 쥐인가? 옛사람들은 한날의 시작을 밤 11시에서 새벽 1시까지로 봤다. 이 시각에 다른 동물들은 자거나 활동을 하지 않는데 비해 쥐만은 활발히 움직여 목성의 12띠 첫 동물로 앉히게 됐다는 것이다. 즉 하루의 문을 쥐가 열고 시작한다고 본 것이지. 쥐는 띠의 첫 주자가 됐지만, 사람들에겐 별로 호감을 받지 못하고 있다. 한문 사전에 실린 쥐 관련 어휘 26개 중 15개가 나쁜 의미로 뜻풀이하고 있다. 한글 사전에도 쥐꼬리 봉급. 쥐뿔도 모른다. 쥐뿔도 없다. 쥐뿔만도 못하다. 쥐 소금 나르듯 등등 쥐를 빗댄 비하

성 내용이 대부분이다. 신라 21대 소지왕의 생명을 구해준 쥐 이야기도 있지만~

태준 사람들은 쥐가 나쁘다고 보통 생각하는데 전 그렇게 생각 안 합니다. 쥐는 충분히 하루의 문을 열고 시작할 수 있다고 생각합니다. 왜냐하면 쥐는 영리하기 때문입니다. 그리고 할아버지 말씀하신 것처럼 소지왕도 구해줬죠. 할아버지 생각은 어떠한가요?

할아버지 함경도지방의 무가(무당이 굿할 때 부르는 노래)에 창세가(천지창조를 노랫말로 만든 노래)가 있다. 여기에서 쥐가 미륵에게 물과 물의 근원을 가르쳐줘 현자의 이미지로 등장한다. 이 밖에도 나무꾼과 선녀 등 여러 설화에서 사람을 도와주는 조력자로 나오기도 한다. 특히 『삼국사기』에선 예지력 있는 동물로 묘사된다. 강원도 원주 치악현에선 8천여 마리의 쥐가 천재지변을 감지하고 떼를 지어 이동했다고 기록돼 있다. 서양인들의 쥐에 대한 관념을 조지 오웰의 『동물농장』을 통해 엿볼 수 있다. 여기에서 쥐는 매우 소심한 겁쟁이로 그려진다. 정의감 없이 강자에 아부하며 붙어사는 존재로 말이다. 쥐를 나쁘게 보는 주요인은 곡식을 훔쳐먹

는 절도범이기 때문이다. 이 습성만 고친다면 쥐를 적
대시할 이유가 하나도 없다.

태훈 사실 전 쥐를 좋아하진 않습니다. 왜냐하면 옛날 쥐
는 유럽 지방에 페스트라는 위험한 병을 몰고 다닌 동
물입니다. 쥐가 몰고 온 페스트로 몇천만 명의 유럽인
들이 죽었습니다. 그리고 『피리 부는 사나이』라는 동
화책에선 사람들이 쥐라는 동물을 싫어하고 그 쥐를
없애달라고 합니다. 그만큼 쥐라는 동물은 사람들에
게서 악의 존재입니다. 하지만 어느 동화책에선 쥐가
사자를 구해주는 의리 있는 동물로 나오고 <톰과 제
리>라는 만화영화에선 쥐가 영리하게 나옵니다. 또
약 개발을 위해 약 같은 것들을 쥐에게 실험하기도 합
니다. 이런 것들로 봐선 쥐는 우리에게 고마운 존재고
친근한 존재인 것 같습니다. 쥐는 인간에게 한편으론
악한 동물 또 한편으론 선한 동물인 것 같습니다. 감
사합니다.

천 년의 역사, 설

할아버지 올해도 설날은 어김없이 우리 앞에 모습을 드러냈다. 수천 년을 인류와 함께해온 설 명절의 실체는 과연 무엇일까? 한 마디로 뭉뚱그린다면 설날은 새날을 의미한다. 새는 뜻으로 보면 동서남북 할 때의 동에 해당한다. 그리고 새를 소리 즉 음으로 갈음하면 설로 쓸 수 있다. 신라인들은 서라벌 6촌 중 가장 동쪽 마을 사람들 성씨를 설이라고 썼다. 다 같은 맥락에서 나온 처사였다. 중국 사람들은 신라 국호를 앞의 설 씨의 설을 갖다 붙여 설라로 부르기도 했다. 설과 새가 같다고 봐 새 신新 자 신라를 설라라고 명명한 것으로 여겨진다. 우리 조상들은 부여 삼한 시대부터 설을 쇤 것으로 학계에선 보고 있다. 『삼국유사』에는 서기 488

년 신라 소지왕 때 설을 쇘다는 기록이 있다. 이렇게 보면 우리가 쇠는 설은 참 긴 역사를 지닌 명절임이 틀림없다. 우리는 이날을 전후해 새해 인사를 하는데 거의 '새해 복 많이 받으세요.'가 대세이다. 그런데 조선 시대엔 지금과는 달리 '숙병이 완치되기를 바랍니다.'라고 했다.

태훈 설날은 여태까지 가족들과 쉬면서 행복하게 지내고 절하는 날인 줄 알았습니다. 설날의 뜻조차 제대로 알지 못했습니다. 그런데 이글에서 설날이 우리의 옛 선조들도 지켜왔고 설날이라는 말이 새날을 의미한다는 것이라고 자세히 나와서 설날이 무슨 날인지 알게 되었습니다. 그리고 새해 인사가 옛날에는 '새해 복 많이 받으세요.'가 아니라 새해에는 '숙병이 완치되기를 바랍니다.'라는 말을 썼다는 것도 처음 알았습니다. 아마 그 당시에는 병으로 40대 50대의 나이로 죽는 사람들이 많았기 때문인 것 같습니다. 그리고 복은 남들이 주는 것이 아니고 내가 심고 만드는 것이라는 말 잊지 않겠습니다. 감사합니다.

태준 저는 원래 설에는 예전부터 덕담을 주고받는 줄 알았는데 조선 시대에서는 이런 덕담을 주고받지 않았다는 건 처음 알았습니다. 그래서 저는 이번 설날에 할아버지께 조선 시대처럼 덕담을 해보겠습니다.

할아버지 명절 열차

하행열차(귀향 열차)엔 활기가 넘친다.

설렘이 있다.

너무 늦게 가 조바심이 있다.

상행열차(상경 열차)엔 정적이 감돈다.

말이 없다.

짜증이 있다.

빠른 속도감이 있다.

사람들의 애증이 엇갈리는 명절 열차

위의 짧은 글과 같이 너희가 명절에 상행·하행열차를 탔다고 가정하고 느낀 바와 기분을 써 보기 바란다.

태훈 명절 열차라는 시처럼 저의 기분도 같습니다. 아무리 먼 길을 가고 길이 막혀서 짜증나도 외갓집 가는 기분은 즐겁습니다. 하지만 명절이 끝나고 인천으로 돌아오는 길은 너무 멀게 느껴지고 막히면 더 짜증납니다.

그리고 하고 싶은 것을 못 해서 아쉽고 더 놀고 싶어
서 아쉬운 맘이 계속 맴돕니다. 감사합니다.

태준 전 상행 열차가 더 좋습니다. 왜냐하면 외갓집에 갈
때 놀 수 있다는 생각에 기쁩니다. 그리고 하행열차는
다시 돌아간다는 생각에 조금 아쉽죠.

케이크는 그리스에서 시작됐다

할아버지　2월이 시작됐다. 새로운 시간엔 새로운 마음을 담아야 한다는 성 어거스틴^{St. Augustine, AD 354~430}의 말을 떠올리면서 새달을 연다. 생일엔 왜 케이크를 먹을까? 생일 케이크는 고대 그리스에서 시작됐다. 달의 여신 아르테미스를 경배하고자 달콤한 음식을 바치며 달 모양을 만들다 보니 둥글게 됐고 달처럼 빛나게 하려다 보니 초를 꽂아 불을 붙이게 됐다는 것이다.

신호등은 왜 녹색 노란색 빨간색으로 정해졌을까? 빨간색은 파장이 가장 길어 멀리서도 눈에 잘 띈다. 원래는 밤에 잘 보이는 노란색이 정지 신호색이였는데 반사율 높은 페인트 가로등, 차 헤드라이트 등이 늘어나면서 빨간색에 밀려 주의신호로 밀려나게 되었다는 것이다. 또 출발신호는 당초 흰색이 맡았는데 별빛 손전등 불빛과 헷갈리는 일이 잦아서 녹색으로 바꾸었다고 한다.

태훈 케이크의 유래와 탄생설은 처음 들어보는 것 같습니다. 지금까지 케이크는 미국에서 빵과 생크림을 이용해서 생일인 사람에게 선물하는 것에서 유래된 줄 알았습니다. 근데 먼 옛날 그리스에서 시작되었다니 매우 신기합니다. 저에게 모르는 것들을 가르쳐 주셔서 감사합니다.

태준 이것들은 제가 몰랐던 것입니다. 전 스쿨버스가 노란색인 이유는 원래 알았는데 생일 케이크와 신호등 얘기는 전혀 몰랐습니다. 저에게 이런 것을 알려주셔서 감사합니다.

과거를 기억하지 못한 자 과거를 반복한다

할아버지 '과거를 기억하지 못하는 자는 과거를 반복하는 운명에 빠진다.'

(스페인 태생 미국 철학자 조지 산타야[George Santayana, 1863~1952])

지금 우리는 신종 코로나바이러스의 전방위적 무차별 공격에 전전긍긍하고 있다. 이토록 과학과 의술이 발달해 있는데도 말이다. 만물의 영장인 인간을 기껏해야 단백질로 둘러싸인 핵산 쪼가리에 불과한 바이러스가 가지고 놀고 있는 꼴이다. 지금도 이럴진대 원시 의술이 고작이었을 옛날엔 역병의 위력이 얼마나 강력했을까는 굳이 말이 필요 없을 것 같다. 가히 재앙 수준

187

이라고 할 수 있겠다. 14~17세기 세계를 강타했던 흑사병(페스트)은 1347~1351년 사이에 유럽 인구의 1/3 이상을 앗아갔다. 페스트는 중앙아시아에서 동로마 제국(비잔틴제국)으로 전파된 것으로 여겨지며 이후 제노바, 베네치아 등 이탈리아 도시국가를 거쳐 북유럽으로 번져나갔다. 이 경로에서 주목할 것은 후추 무역경로이다. 이 길을 따라 페스트가 퍼져 나갔기 때문이다. 당시 유럽인들은 후추를 검은황금이라고 부르며 애호했다. 후추, 계피 등 향신료는 육식 중심의 유럽인 식탁에선 빼놓을 수 없는 필수품이었다. 다음으로 세계적인 재앙 수준의 역병으로 천연두를 꼽지 않을 수 없다. 천연두는 인간이 소를 키우면서 발생했는데 구대륙 사람들이 신대륙 아메리카를 접수하는데 결정적 역할을 했다. 총과 대포 구실을 한 생물무기였던 셈이다. 아메리카 선주민들은 소 같은 대형동물을 사육한 적이 없기 때문에 천연두 항체가 없었다. 스페인 병사들이 전염시킨 이 병으로 인구의 90%가 죽어 제대로 대항 한번 못하고 땅을 내줘야 했다. 역병의 결과는 처참했지만 나름 얻은 소득도 있음을 간과해서는 안 된다. 영국 같은 경우 역설적으로 민주주의와 인권 발전의 계기와 출발점이 되었다는 것이다. 인구가 크게 줄어

들자 땅을 경작할 사람도 부족해져 이들의 몸값이 크게 올라 지대만 내면 그만인 임대 경작자로 신분이 상승했다. 전에는 경작할 땅을 얻으면 영주에게 일주일에 사흘간 노역을 제공해야 했다. 이 중에는 이를 잘 이용해 자작농으로 자립하는 농노도 많이 생겼다. 유럽 다른 나라에서도 인건비가 급등해 농민들의 도시 이주가 늘었으며 자급자족 장원경제 체제가 무너지고 임금노동과 화폐경제를 중심으로 한 자본주의 경제로 탈바꿈하기 시작했다. 위에서 보듯 역사는 항시 양면성을 갖고 있음을 알 수 있다. 그래서 위기를 기회로 삼는 지혜로움을 강조하는 이유다.

태훈 요즘 코로나19로 인해 많은 사람이 불안에 떨고 있습니다. 전 코로나19란 바이러스가 심한 바이러스인지 몰랐습니다. 하지만 중국에선 코로나바이러스로 인해 몇백 명이 사망하고 병원에 있다고 했습니다. 게다가 그 바이러스 때문에 마스크를 사재기하기도 합니다. 아직 한국엔 사망자가 없어서 안심하고 있지만, 하루하루 지날수록 점점 확진자가 늘고 확진자가 다녔던 곳은 다 폐점하거나 휴점한다고 합니다. 점점 심해지는 걸로 봐서 약 2~3달 동안은 확진자가 늘 것 같습니다. 너무 두렵습니다. 메르스처럼 사람이 많이 죽거나 다칠 수도 있기 때문입니다. 빨리 우리나라가 코로나바이러스 백신을 발명해서 더 이상 죽거나 다치고 격리 조치되는 사람들이 사라졌으면 좋겠습니다. 감사합니다.

수현 저는 앞으로 모든 일의 양면성을 기억하여 좋은 면을 보려고 노력하고 위기를 기회로 삼는 지혜로움을 갖도록 노력해야겠어요. 2번을 읽었는데 너~무 어려워요.

할아버지 흑사병이 유럽 인구의 1/3 이상을 죽게 했다는데 그럼 당시 유럽 인구는 얼마나 됐을까? 1억 8,000만 명 정도로 알려져 있고 이 인구는 2세기 지난 16세기가 되어서야 이전 수준으로 회복됐다. 역병의 위기를 기회로 삼은 나라로 아시아에선 일본을 들 수 있다. 천연두가 일본에 들어온 것은 16세기 이후다. 높은 치사율과 후유증(곰보)으로 일본인들을 공포의 도가니로 몰아 넣었다. 전통 의술로는 속수무책이어서 붉은 천을 내 걸고 귀신이 물러 가도록 비는 것이 치료의 전부였다. 1798년 제너의 종두법이 개발되면서 나가사키 네델란드 상단을 통해 이를 받아들인 일본은 천형(하늘이 내린 벌)으로 여겼던 천연두를 막을수 있다는 사실에 온 나라가 기쁨에 몸을 떨었다. 이후 이 종두법이 서양문명을 새로이 인식하는 주요한 계기가 되었다. 그래서 일본 근대화의 마중물은 종두법이라 할 수 있다.

태준 저도 흑사병과 천연두가 위험했던 걸 알았습니다. 그리고 종두법이 실행되었던 것도 알죠. 우리나라는 치료를 해주려는 분을 파면시키다니 참 안타깝습니다.

밸런타인데이와 안중근 의사

할아버지 행복한 인생은 행복한 오늘이 모여 만든다. 평생 단
한 번인 오늘이 헛되이 지나가지 않도록 내가 좋아하
는 일 한 가지는 오늘 바로 즐겨라. 그것이 쌓여 행복
한 인생을 만든다. 어제 2월 14일은 밸런타인데이였
다. 여자 친구가 남자 친구나 남자 어른들께 초콜릿을
선물하는데 너희들도 받았겠지. 나는 너희 이모와 외
숙모로부터 받아 기분이 좋았다. 그런데 이 같이 즐겁
고 기분좋은 밸런타인데이가 슬픈일로 시작됐다니 참
어처구니가 없구나.

2세기 로마 황제 클라우디우스 2세는 군세 유지를 위
해 군인들의 결혼을 금지시켰다. 이런 가운데서도 결
혼을 원하는 병사가 있어 발렌티누스 주교는 결혼식

192

을 집전해 주었는데 이것이 탄로나 2월 14일 처형을 당해 죽게 된다. 그 뒤 2백여 년의 시간이 흐른 뒤인 496년에 교황 겔라시우스 1세가 2월 14일을 성 발렌티누스 일로 정해 비로소 세상에 얼굴을 나타나게 됐다. 이후 서양에선 이날을 기념해 15세기부터 카드를 주고받기 시작했고 초콜릿이나 쿠키가 등장한 것은 19세기 들어서부터이다. 현대적인 밸런타인데이는 1382년 영국 시인 체프리 초서의 시 「새들의 의회」 구절 '발렌타인 day에는 온갖 새들이 자기 짝을 찾으러 온다'에 영향을 받아 본격화됐다는 설도 있다. 밸런타인데이하면 초콜릿을 떠올리게 된 것은 1936년 일본 제과업체가 밸런타인데이를 초콜릿 선물의 날로 대대적으로 광고한 때문인 것으로 알려져 있다. 우리나라에선 1980년 중반부터 시작됐더구나. 그런데 역사상 우리나라에서의 2월 14일엔 어떤 일이 일어났을까? 1910년 그날에 일본 초대 총독 이토 히로부미를 하얼빈 역에서 암살한 안중근 의사가 사형 선고를 받은 날이다. 110년 전 일이다. 안 의사는 여순 감옥에서 3월 26일 순국했다. 우리는 초콜릿과 사랑의 달콤함에 취해 나라를 위해 목숨 바친 애국선열의 숭고한 의거를 잊어서는 결코 안 될 것이다.

수현 모두가 기대하는 밸런타인데이가 원래는 슬프고 역사적으로 깊은 관련이 있는 날이라는 게 놀랍고 신기하네요. 잊지 말아야겠어요.

주현 엄마에게 초콜릿을 받고 맛있게 먹었는데 역사적으로 슬픈 날이라니. 앞으로는 2월 14일하면 밸런타인데이보단 안중근 의사를 먼저 떠올릴 것 같아요.

태준 전 밸런타인데이가 그냥 오래전부터 초콜릿을 주는 문화인 줄 알았는데 슬픈 일이었군요. 그리고 우리나라에서는 안중근 의사가 사형선고를 받은 날이라니 정말 유감이네요. 이제 밸런타인데이 때 초콜릿을 먹으며 많은 생각을 하면서 먹어야겠네요.

태훈 사실 밸런타인데이가 생겨난 이유와 연도를 전혀 몰랐고 알려고 하지도 않았습니다. 왜냐하면 밸런타인데이도 11월 11일 빼빼로 데이처럼 과자 업체에서 만든 날인 줄 알았습니다. 그리고 그때 당시 우리나라에선 밸런타인데이에 안중근 의사의 사형이 선고되었다는 것도 알게 되었습니다. 제가 모르고 있던 사실과 역사를 자세히 알려주서서 감사합니다.

독서는 마음속 얼어붙은 바다를 깨는 일

할아버지 코로나19 바이러스로 밖에 다니지 않고 집에 있는 시간
이 많아졌다. 무료함(심심함)도 달래고, 세상 일도 잊고,
어디에 몰두(일에 열중함)하려면 무엇을 해야 할까? 그
럴 때 딱 좋은 게 책읽기 즉 독서다. 책을 읽는 동안에
는 거기에 몰입(어떤 데에 빠짐)하게 돼 다 잊어버리게
된다. 책은 건성(힘쓰지 않고 대강 대강함)으로 읽지 말
고 집중해야 빠질 수 있다.

체코 출신 소설가 프란츠 카프카^{Framz kafka, 1883~1924}는 독
서가 마음속에 얼어붙어 있는 바다를 깨는 일이라고 했
다. 책을 대충 읽어서는 깨질 리가 있겠는가. 너희들도
이번에 독서를 통해 마음속의 꽁꽁 언 바다를 깨트려
보기 바란다.

독서와 관련 참고로 알아둘 것은 독서삼여^{讀書三餘}이다. 독서하기 좋은 때를 가리키는 말이다. 중국 전한 때 학자 동우는 겨울철, 밤, 비 오는 날을 책 읽기에 틈이 있는 날이라는 뜻으로 독서삼여라고 했다.

수현 저는 이번 코로나19 사태가 끝나기 전에 책을 많이 읽기보다 제대로 한 권을 읽어야겠어요.

주현 저도 책을 열심히 잘 읽어야겠어요.

태훈 할아버지의 말씀대로 저는 책을 읽기 시작했습니다. 전에 학원에서 받아온 책인 『에바』라는 책으로 독일이 유대인에게 한 짓들을 보여주는 책입니다. 코로나바이러스 때문에 밖을 나가지 못하여 매우 아쉽고 힘들지만, 집에서 꾸준히 운동하고 공부하겠습니다. 감사합니다.

잎은 떨어져 뿌리로 돌아간다

할아버지 그토록 무성하던 나뭇잎들이 가을이 되자 단풍으로 옷을 바꿔 입더니 이제는 모두 떨어져 앙상한 가지들만 허공을 부여잡고 있구나.

가을이 지나면
나는 장의사가 된다
가을의 시체를 치우는
낙엽 장의사
바람에 흩날리는
낙엽들을 모아
낙엽귀근^{落葉歸根}길 인도한다
다시 흙으로 돌려보내면서

나는 순명과 부활을 본다

이파리로

꽃으로

열매로

화려히 귀환할 그들이기에

나는 슬퍼하지 않는

장의사가 된다

이 글에 나오는 낙엽귀근을 풀이하면 잎이 떨어져 뿌
리로 돌아간다는 뜻이다. 자기가 본디 낳았거나 자랐
던 곳으로 돌아가거나 또는 모든 일을 처음으로 되돌
릴 때 쓰는 말이다.

중국 북송 때 도원道原이란 승려가 편집한 『전등록傳燈
錄』이란 책에 나온다. 또 노자의 『도덕경道德經』에도 비
슷한 글귀가 있는데 각복귀기근各復歸其根이다. '만물은
모두가 그 뿌리로 되돌아간다.' 라고 풀이된다.

수현 낙엽은 떨어지면 뿌리를 따뜻하게 해주는 단열제 역
할과 나무의 거름이 된다고 하네요. 부정적으로 보면
끝까지 비극적인 삶이지만, 긍정적으로 보면 희생정
신, 배려 등이 있다고 생각해요.

태준 저는 낙엽의 삶에서 두 가지를 봅니다. 먼저 시간을 봅니다. 잎이 떨어지면 이제 겨울이 오는 거고 겨울이 오면 1년이 지나간다는 것입니다. 하지만 이번 2020년에는 코로나19 때문에 잎이 떨어지는 것을 제대로 보지 못하였습니다. 그래서 잎이 떨어진 모습만 보았습니다. 코로나19가 아니었으면 다 보았을 것입니다. 그리고 아름다움을 봅니다. 왜냐하면, 잎이 떨어지면 그 모습이 아름답고 잎이 다 떨어진 나무가 전 멋있기 때문입니다. 그리고 잎이 떨어지고 다시 싹이 자라서 꽃이 피면 훨씬 아름답기 때문입니다.

주현 할아버지께서 말씀하신 것과 같이 저희 눈에도 낙엽이 떨어지면 슬퍼 보입니다. 그러나 지금 다시 생각해 보니 오히려 더 잘된 것 같네요. 낙엽이 떨어져 땅속으로 스며들고 그 스며든 낙엽은 모든 식물의 거름이 되어줍니다. 저는 낙엽이 나무 곁을 떠나도 슬퍼하지 않고 꽃과 열매를 살리기 위해 떨어지는 것이 참 감동적이었어요. 오직 자신의 욕심 때문이 아닌 남을 살리려고 떠나기 싫어도 나무는 떠나는 낙엽을 본받고 싶다고 생각했습니다.

학동의 쉬는 시간 ❹

세계에서 가장 아름다운 단어

이 세상에서 가장 아름다운 영어단어를 앙케이트 조사했더니 'Mother(어머니)'가 뽑혔다고 합니다. 두 번째 아름다운 영어단어가 'Father(아버지)' 같았으면 얼마나 좋겠습니까마는 Father가 아니고 'Passion(정열)'이었습니다. 세 번째는 'Smile(웃음)' 네 번째는 'Love(사랑)'가 뽑혔으며, Father는 다섯 번째도 열 번째도 없었다고 합니다. 이것으로 보아 '여자는 연약하나 어머니는 위대하다.'라는 말이 실감 나게 합니다. 동물도 마찬가지인 것 같습니다. 간밤에 헛간에 불이 나서 나가보니 수탉들은 다들 밖으로 뛰쳐나왔는데 병아리를 품은 어미 닭은 까맣게 타죽고 어미 품

200

속의 병아리는 살아남았다고 합니다. 어머니의 따뜻한 품, 어머니의 그 깊고 깊은 사랑을 무엇으로 측량하겠습니까? 그래서 동양이든 서양이든 'Mother(어머니)'는 가장 아름다운 단어인가 봅니다. 그리고 10위까지를 찾아보면~

1위는 Mother 어머니

2위는 Passion 열정

3위는 Smile 미소

4위는 Love 사랑

5위는 Eternity 영원

6위는 Fantastic 환상적

7위는 Destiny 운명

8위는 Freedom 자유

9위는 Liberty 자유

10위는 Tranquility 평온이었습니다.

어느 집

어느 날, 약속을 어긴 아들에게 "한 번만 더 약속을 어기면 추운 다락방에 가두어 둘테다."라고 말했지만, 아들은 다시 한번 약속을 어겼습니다. 아버지는 아들을 추운 다락방에 가두어 버렸습니다. 다락방의 아들을 생각하는 부부는 잠을 못 자며 뒤척이기만 합니다. 아내가 슬그머니 일어나는 것을 보고 남편이 말합니다. "당신 마음이 아프겠지만, 그 애를 지금 데려오면 아들은 영영 우리 말을 듣지 않을 건데." 아내는 다시 자리에 누웠습니다. 얼마 후 남편이 일어나면서 "화장실 좀 갔다 오리다." 남편은 화장실 가는 척하면서 다락방으로 올라갔습니다. 아들은 차가운 다락방의 딱딱한 바닥에서 이불도 없이 눈가에 눈물 자국을 얼린 채 쭈그리며 잠들어 있었습니다. 아버지는 그 곁에 누워 팔베개를 해주고 아들을 꼬옥 안아 주었습니다. 그렇게 그들의 겨울밤은 지나가고 있었습니다. 잠결에 문득 눈을 뜬 아들은 두 눈에 뜨거운 눈물을 흘립니다. 가장 추운 곳에서 가장 따뜻한 밤을 보낸 아들은 사랑의 본질을 마음에 담았습니다. 물질이 풍요치 않다는 것은 견디기 쉬운 게 아닙니다. 그러나 자신이 버려졌다고 생각되는 느낌은 사람을 무척 힘들게 합니다. 힘든 삶이 우리를 종종 괴롭게 하지만, 그보다 더욱 절망적인 것은 사랑을 받지 못하고 있다는 느낌을 갖게 될 때입니다. 세상에서 제일 슬픈 일 중 하나가 사랑하는 사람의 이름을 불러도 대답이 없을 때입니다. 맛있는 것도 사주고 경치 좋은 곳도 구경시켜 주고 싶은데 그 사람이 이 세상에 없을 때입니다. 오늘이 그 사람을 사랑할 수 있는 마지막 날일 수도 있고, 오늘이 사랑을 받는 마지막 날일 수도 있습니다. 그러니 이 핑계 저 핑계 대면서 사랑 표현을 내일로 미루지 마십시오. 내일은 상상 속에만 있는 것입니다. 아무도 내일을 살아본 사람은 없기 때문입니다. 세월이 가도 매일 오늘만 사는 것입니다. 사랑도 오늘뿐이지 내일 할 수 있는 사랑은 없습니다. 사랑하는 사람에게 줄 수 있는 것이 있다면 오늘 다 주십시오.

연어

깊은 물 속에 사는 어미 연어는 알을 낳은 후 한쪽을 지키며 자리를 뜨지 않는데~ 이는 갓 부화되어 나온 새끼들이 먹이를 찾을 줄 모르기 때문에 어미는 극심한 고통을 참아내면서 자기 살을 새끼들이 쪼아 먹으며 성장하도록 합니다. 새끼들이 그렇게 어미의 살을 먹으며 성장하지만, 어미는 결국 뼈만 남은 채 서서히 세상을 뜨게 되지만, 이를 통해 우리에게 위대한 모성애의 교훈을 가르쳐 주고 있습니다. 그래서 우리는 연어를 '모성애의 물고기'라고 합니다.

가물치

이 물고기는 알을 낳은 후 바로 실명을 하게 되며, 그 후 먹이를 찾을 수 없어 배고픔을 참아내야 하는데~ 이때 알에서 부화되어 나온 수천 마리의 새끼들이 어미가 굶어 죽지 않도록 한 마리씩 자진하여 어미 입으로 들어가 어미의 굶주린 배를 채워주며 어미의 생명을 연장해 준다고 합니다.

Part.5

몽아학당의 아이들

아름다운 지식의 세계

이태훈 저는 이 활동들을 통해 지식의 아름다움을 보았습니다. 할아버지께서 보내주시는 글은 평소 접할 수 없는 자료들입니다. 처음 긴 글을 접했을 때를 생각해 보면 아직 아찔합니다. 어린 나이에 접한 방대한 양의 지식은 저를 압도했습니다. 할아버지께 글에 대한 저의 의견, 소감, 깨달음을 처음 적어서 써낼 때는 할아버지의 기대에 부응해야만 한다는 생각이 제게 부담이 되었나봅니다. 하지만 어느 한 시점부턴 그 글이 제게 부담이 아닌 도움이라는 것을 깨달았습니다.

글이라는 지식의 산물이 저의 생각과 언어표현을 한층 더 성장하게 해주었습니다. 어린 시절 부담이 되었던 방대한 지식은 현재 고3이 된 제겐 어디에서도 들을 수 없는 귀중한 수업이 되었습니다. 연세도 많으신데 매주 저희에게 글을 써서 보내주시고, 저희를 위한 가치 있는 글을 쓰도록 노력하시는 할아버지의 모습을 생각하면 존경스럽고 대단하신 것 같습니다. 할아버지의 손자로 태어난 것이 매우 자랑스럽습니다. 할아버지 감사합니다.

철부지 아이에서 어엿한 아이로

이태준 할아버지께서 처음 글을 보내주셨을 때 저는 초등학
교 6학년이었습니다. 그때 저는 할아버지께서 보내주
신 글이 상당히 어려웠습니다. 그래서 제가 쓴 글은
많이 서툴고 어설펐습니다.

저는 평소에 글 쓰는 것을 힘들어했습니다. 한번은 제
가 논술학원에서 할아버지께서 보내주신 글을 읽고
있었는데 선생님께서 보여 달라고 하셨습니다. 선생님
께서 그 글들을 읽어보시고는 할아버지께서 정말 대
단한 분이시고 저희가 부럽다고 하셨습니다. 그 말을
듣고 저는 할아버지 덕분에 남들이 하기 힘든 좋은 경
험을 하고 있구나 라는 생각을 했습니다. 그리고 저희
를 위해서 자료를 찾으시면서 글을 쓰시는 모습을 생

각하니 정말 감사했습니다. 할아버지께서는 지금까지도 꾸준히 저희에게 글을 써 주십니다. 연세도 많으신데 변함없이 글을 써 주시는 것을 보면 정말 대단하시고 존경스럽다는 생각밖에 들지 않습니다. 그래서 저는 다짐했습니다. 나 이태준은 다음생 아니 다다음생까지도 영원히 할아버지의 손자로 태어나겠다는 것을. 할아버지 감사합니다.

정성이 담긴 가르침의 매력

박수현   시간이 흘렀다. 흐르는 시간은 철부지 아이를 고등학
생으로 만들었다. 고등학생이 된 그 아이의 옆에는 언
제나 몽아학당이 함께했었다. 철부지 아이에겐 마냥
어려운 이야기였던, 낯설게 느껴지는 고사들과 어려운
말들이 하나, 둘씩 이해가 되기 시작하면서부터 매 주
마다 다른 주제로 다가오는 할아버지의 가르침이 그 아
이를 역사가로, 과학자로, 시인으로, 예술가로, 그리고
철학자로 만들어주었다. 그렇게 할아버지의 가르침 속
에서 헤엄치며 자유롭게, 다양한 경험을 하게 되었고
이는 아이의 생각을 자라게 하는 양분이 되었고 세상
을 보는 눈이 되어 주었다. 덕분에 그 아이는 남들보다
더 넓게, 멀리, 더 높은 곳에서 보는 시선을 가졌다. 남

들이 땅을 볼 때, 하늘을 보고 남들이 앞면을 볼 때 뒷면도 볼 수 있는 그런 아이로. 그렇게 나는 성장했고 자라며, 배웠다. 그렇기때문에 할아버지께서는 최고의 선생님이었고, 몽아학당은 최고의 교과서였다고 말하고 싶다. 지금의 나를 있게 이끌어주신 나의 할아버지께 감사함을 표하고 싶다. 감사합니다. 할아버지. 2024년 겨울 어느 몽아학당의 학도가…:

영원한 몽아학당의 아이로

박주현 개구쟁이 초등학교 2학년이었던 나에게 몽아학당은 무척 어려웠다. 매주 보내주시는 몽아학당 속에는 내가 아직은 이해하기 힘든 철학, 과학, 역사 이야기들로 가득했고 이해하기 힘든 단어들이 많았다. 잘해 보려는 마음에 답장을 하였지만, 그 답들은 내가 봐도 무척이나 서툴렀다.

시간이 지날수록 내가 성장하였고 몽아학당이 전보다 조금 더 쉽게 느껴졌다. 이해가 되지 않았던 이야기들도 조금씩 이해가 되고 모르는 단어의 수도 줄어들었다. 할아버지의 몽아학당 덕분에 나는 유익한 지식을 배워 배경지식을 넓히고 일상생활 여러 곳에서도 도움이 되었다. 예전 어느 날, 외갓집에 가서 우연히 본 할아버지의 손은 투박하고 거치셨다. 그런 손으로 핸드폰을 잡으시고 어두운 눈때문에 돋보기를 끼시고 한자 한 자 써 내려가시는 할아버지를 생각하니 무척이나 감사했고, 때로는 어렵다고 불평한 모습이 부끄럽게 느껴졌다. 그래서 어렵더라도, 답장 쓰는 것이 힘들지라도 한 자 한 자 할아버지의 정성을 생각해서 놓치지 않고 읽으리라고 결심했다. 앞으로 나는 몽아학당과 함께 계속 성장해 나갈 것이다. 그 성장엔 든든한 할아버지가 계실 것이다. 언제나, 늘, 오래도록 할아버지가 우리 곁에 건강하게 계셨으면 좋겠다.

마치며

그때 그 아이들은

이렇게 훌쩍 자라났습니다.

유년의 기억이

평생의 삶의 방향을 좌우할 것 같습니다.

사람의 길을 걸어가는 데

아낌없는 지지와 찬사를 보냅니다.

수현   주현   태준   태훈

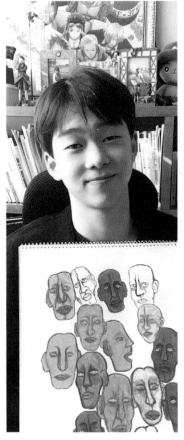

몽야학당의 아이들

지은이   손종진·이태훈·이태준·박수현·박주현

초판 1쇄   2024년 5월 1일

펴낸이   서연남
펴낸곳   (주)도서출판 이음
책임 편집   원상호
편집   권경륜
디자인   박미나, 김다슬
일러스트   신지민

출판등록   제419-2017-00013호

주소   강원특별자치도 원주시 홍업면 한라대길 28, 창업보육센터 2관 203호
전화   033-761-3223   **FAX**   033-766-8750
전자우편   iumbook@naver.com

ISBN   979-11-980894-6-5